회계투명성과 회계정보 시스템

초고속무선인터넷(WiBro) 정보시스템

회계투명성과 회계정보 시스템

초고속무선인터넷(WiBro) 정보시스템

배 기 수 著

한국학술정보[주]

머리말

최근 우리나라 자본시장에서는 대기업들의 잇단 회계분식사건으로 인해 회계자료에 대한 투명성이 낮아짐에 따라 회계기준원을 통한 기업회계기준서의 제정, 회계감사의 독립성 강화 등 다양한 방법을 통해 회계투명성 제고를 위해 노력하고 있다. 이렇게 제도적, 법률적 측면에서만 회계투명성을 제고하는 것보다는 또 다른 측면인 시스템적인 측면에서 접근한다면 어떨까? 부정은 사람의 손이 많이 가고 통제가 불가능할 때 많이 발생한다. 이러한 것을 원천적으로 차단하는 시스템을 구축한다면 회계투명성은 제고되지 않을까?

이에 본서에서는 시스템적인 측면에서 회계투명성을 제고할 수 있는지와 초고속무선인터넷(WiBro)에 대해서 살펴보았다. 본서는 2부로 구성된다. 제Ⅰ부는 회계투명성과 회계정보시스템에 대한 내용으로 제1장 일반적인 현황에 이어 제2장 이론적 배경에서는 ERP 시스템과 도입 성과에 관한 연구, 이익조정 동기에 관한 연구 및 이익조정 감소에 관한 선행연구를 검토한다. 제3장에서는 제2장에서의 이론적 배경을 토대로 ERP 시스템 도입과 이익조정과의 관계를 검증하기 위한 가설이 설정되며, 가설을 검증하기 위한 회귀모형과 표본에 대해 살펴본다. 또한 가설검증을 위한 통제변수와 이익조정측정치로 사용한 재량적 발생액 측정방법에 대해 살펴본다. 제Ⅳ장에서는 표본기업에 대한 기술통계와 ERP

시스템 도입이 이익조정에 어떠한 영향을 미치는지에 대한 실증분석 결과가 제시된다. 끝으로 제Ⅴ장에서는 연구결과를 요약하고, 연구의 한계를 제시하였다.

제Ⅱ부에서는 초고속무선인터넷(WiBro)에 대한 내용으로 회계학적인 관점에서 사용료를 중점으로 다루었다. WiBro는 우리나라가 원천기술을 개발함으로써 향후 우리나라 국민이 10년 동안 먹고 살 수 있다고 한다.

WiBro서비스는 회계투명성에 영향을 미치는 회계정보시스템에도 많은 영향을 미칠 것으로 예상된다. 즉, 공간의 제약에서 벗어남에 따라 이동가능한 손안의 회계정보시스템이 가능하다. 이러한 정보통신 환경의 변화는 궁극적으로 회계의 투명성을 제고할 것으로 기대되는 바 초고속무선인터넷(WiBro) 서비스의 원활한 공급에 도움을 주고자 회계학적인 측면에서 2.3GHz대의 전파사용료를 산출하였다.

제Ⅱ부는 제1장 서론에 이어 제2장에서 전파자원의 관리와 전파사용료에 대해 기술했으며, 제3장에서는 주요국의 전파사용료제도에 대해 살펴보았다. 이러한 이론적 배경을 바탕으로 제4장에서 우리나라 2.3GHz대의 사용료를 산출하였다. 제5장에서는 우리나라 전파사용료제도에 대해 평가하였으며, 제6장에서는 개선방향을 제시하였다.

동국대학교 교수

배기수

목 차

제 I 부 회계투명성과 회계정보시스템

제Ⅱ부 초고속무선인터넷(WiBro) 정보시스템

표 목차

그림 목차

회계투명성과 회계정보시스템

C*hapter 1*　회계투명성과 ERP 시스템

제1절 경영활동과 회계정보

기업은 외부로부터 조달된 인적 자원과 물적 자원을 효율적으로 결합하여 재화나 용역을 생산하고 이를 고객에게 인도하여 이익을 창출한다. 즉, 기업의 목표는 이익을 극대화 하는데 있다. 기업이 자기의 이익만을 추구하다 보면 환경파괴, 환경오염 등 사회적 손실을 야기하게 되어 결국, 각종 소송에 휘말리게 되어 기업의 이익을 추구하는데 걸림돌이 되고 있다. 이에 요즈음 기업들은 기업의 이익만을 추구하기보다는 사회전체의 이익을 추구하고 있다. 즉, 사회전체의 이익을 추구함으로써 향후 발생할 수 있는 소송, 보상 등으로부터 자유로워질 수 있어 결국 기업의 이익에 보탬이 된다는 것을 인지하고 있다.

기업은 이익을 창출하기 위해 여러 가지 활동을 하고 있다. 이렇게 기업이 이익을 창출하기 위해 하는 활동을 경영활동이라 한다. 제품을 판매하기 위해서는 제품이 있어야 되고, 제품을 만들기 위해서는 공장이 있어야 되고, 공장을 짓기 위해서는 자금이 있어야 된다. 하나의 제품이 판매되기까지에는 이러한 일련의 과정이 원활하게 진행되어야 한다. 이러한 기업의 경영활동을 정리하면 재무활동, 투자활동, 영업활동으로 구분할 수 있다.

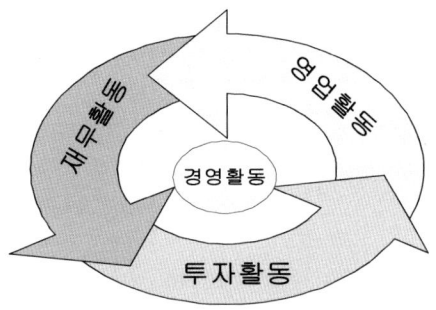

(그림 1) 기업의 경영활동

재무활동이란 자본시장을 통해서 자금을 조달하는 활동이다. 즉, 은행에서 돈을 빌려 자금을 조달할 수도 있고, 주식을 발행해서 자금을 조달할 수도 있다. 이렇게 자금을 조달하는 활동을 재무활동이라 한다.

투자활동이란 조달된 자금을 이용하여 공장도 짓고, 기계장치도 구입하는 등 생산시설을 갖추는 활동이다. 조달된 자금을 이용하여 공장도 짓고, 기계장치도 구입하는 등 왜 이런 활동들을 하는 것일까? 기업의 목표는 이익추구다. 기업은 이익추구라는 목표를 달성하기 위해서 어떤 활동을 해야 하는 지를 명확히 알고 있다. 즉, 조달된 자금을 은행에 맡기는 것 보다 제품을 만들어 판매하면 더 높은 이익을 창출할 수 있다는 것을 알기에 기업은 투자활동을 하게 된다. 이런 투자활동은 뒤에 나오는 영업활동으로 이어진다.

영업활동이란 완성된 제품을 판매하는 활동이다. 완성된 제품을 창고에 보관만 해서는 판매가 이루어지지 않는다. 제품이 판매되지 않으면 현금이 유입되지 않음으로 인해 조달된 자금에 대한 이자, 상환 등이 제때 이루어지지 않아 기업은 위기상황에 직면하게 된다. 따라서 기업은 적극적인 영업활동을 통해 최소한 투입된 원가를 회수해야만 한다.

이렇게 기업은 이익을 추구하기 위해 재무활동, 투자활동, 영업활동을 하고 있다. 이 중 가장 중요한 활동은 어떤 활동일까? 제품을 만들기 위한 시설도 중요하고, 제품을 잘 만드는 것도 중요하고, 잘 판매하는 것도 중요하다. 제품은 시장에서 형성된 가격으로 판매가 이루어진다. 파는 사람보다 사는 사람이 많으면 가격은 오를 것이고, 사는 사람보다 파는 사람이 많으면 가격은 내릴 것이다. 즉, 동일한 품질의 제품에 대해 A라는 사람은 500원에 사겠다고 하고, B라는 사람은 400원에 사겠다고 하면 파는 사람은 500원에 팔 것이다. 또한 甲이라는 사람은 400원에 팔겠다고 하고 乙이라는 사람은 500원에 팔겠다고 하면 사는 사람은 400원에 살 것이다. 이러한 시장의 환경변화와 가장 밀접하게 관련된 경영활동은 영업활동이다. 즉, 기업은 시장의 니즈를 정확히 파악한 후 투자계획을 세우고 자금을 조달한다.

기업은 이익 추구를 목적으로 자금을 조달하는 재무활동, 조달된 자금을 이용한 투자활동, 투자활동을 통해 생산된 제품을 판매하는 영업활동을 한다. 이러한 기업의 경영활동에 따른 결과를 숫자로 측정하여 나타낸 재무보고서를 회계정보라 한다. 즉, 재무보고서는 기업의 경영활동 흔적을 숫자로 정리한 보고서라 할 수 있다. 수사기관에서 범죄를 조사할 때도 계좌를 추적하여 돈의 사용처를 밝히다 보면 범죄여부를 판단할 수 있듯이, 경영활동을 숫자로 정리한 재무보고서를 이용하여 우량기업, 불량기업 등으로 구분할 수 있다. 이에 투자자나 채권자들은 기업의 재무보고서를 이용하여 수익성, 성장성, 안정성 등을 평가한 후 투자의사결정을 한다.

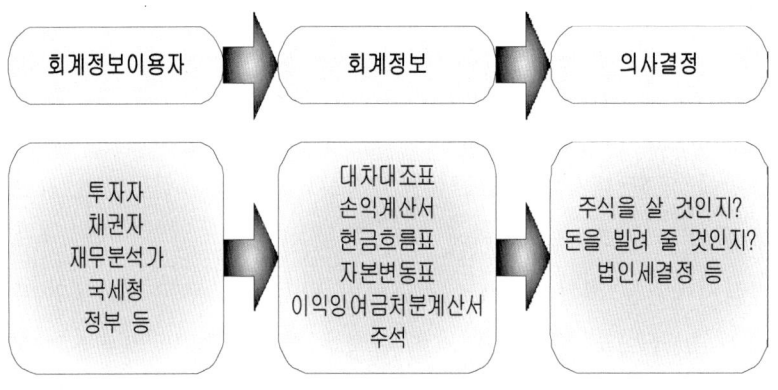

(그림 2) 회계정보의 이용

투자자나 채권자들이 이용하는 회계정보는 현재 및 잠재적 정보이용자의 경제적 의사결정에 유용한 정보를 제공할 수 있어야 하며, 현금흐름의 크기와 시기 및 불확실성을 평가할 수 있어야 한다. 또한 경제적 자원과 청구권에 관한 정보도 제공해야 한다.

경영활동의 흔적을 정리한 회계정보가 위와 같은 목적을 효율적으로 달성하기 위해 대차대조표, 손익계산서, 현금흐름표, 이익잉여금처분계산서, 자본변동표, 주석의 형식을 통해 제공된다. 이 중 가장 기본적인 재무제표는 대차대조표와 손익계산서이다. 대차대조표(balance sheet)는 일정시점에서 기업의 재무상태를 나

타내 주는 재무보고서이며, 손익계산서(income statement)는 일
정기간동안 기업의 경영성과를 나타낸 재무보고서이다. 즉, 대차
대조표는 정적인 개념으로 일정시점이 지나버리면 변화하는 속성
을 지니고 있지만, 손익계산서는 동적인 개념으로 일정시점이 무
수히 많이 모인 기간형태이다. 따라서 대차대조표는 잔액개념으
로 접근하여 일정시점에서의 정확한 잔액을 계산하는데 초점을
맞추어야 하며, 손익계산서는 기간개념으로 접근하여 잔액을 남
기지 말아야 한다는데 초점을 맞추어야 한다. 이러한 기본적인
속성에 의해 대차대조표에서는 일정시점개념으로 접근하여 자산,
부채 및 자본의 잔액상태에 관한 정보를 제공하고 있으며, 손익
계산서에서는 기간개념으로 접근하여 일정기간 동안 벌어들인 수
익과 그 수익을 창출하기 위해 발생한 비용에 관한 정보를 제공
하고 있다. 따라서 대차대조표는 다음 기에 작성시는 기초의 잔
액에 기중의 변화분을 반영하여 기말의 잔액을 수정하는 반면,
손익계산서는 다음 기에 작성시 잔액이 없는 상태에서 출발한다.
손익계산서 작성시 잔액이 없는 상태에서 출발하는 이유는 일정
기간 동안 정확한 영업성과를 측정해야 하기 때문이다.

　기업은 이익을 추구하기 위해 경영활동을 하고, 이러한 경영활
동을 숫자로 정리한 것이 재무제표이며, 재무제표는 정보이용자
들이 경제적 의사결정에 활용한다. 이에 재무제표는 다양한 외부
이해관계자들이 경제적 의사결정을 내리는데 유용하게 활용되고
있기 때문에 신뢰성은 매우 중요하다. 1998년 IMF를 겪으면서
우리나라 회계에 대한 투명성이 제기되고 많은 제도적 장치를 보
완하고 있다. 회계기준원이 설립되어 회계기준 제정이 민간기관

으로 이양되었으며, 공인회계사법 또한 개정되었다. 회계투명성 확보는 매우 중요하고 매우 시급하다. 본서에서는 회계투명성 확보를 회계정보시스템적인 측면에서 살펴보고자 하였다.

　우리 인간은 몸이 아플 때 병원을 찾고 처방을 받는다. 기업도 마찬가지이다. 기업이 경영위기에 처해있을 때 경영진단을 받고 각종 처방을 받는다. 우리나라 기업들이 IMF를 겪기 전까지는 자체적으로 회계정보시스템을 구축한 반면, IMF 이후에는 선진 경영기법을 토대로 구축한 ERP 시스템을 앞다투어 도입하기 시작했다. 옷에 비유하자면 MIS는 맞춤복인 반면, ERP 시스템은 기성복인 셈이다. ERP 시스템의 장점은 선진 경영기법을 토대로 구성되어 있다는 것이다. ERP 시스템은 회계, 재무, 생산, 영업 등 기업의 경영활동을 하나의 시스템으로 연계시켜 관리하는 전사적자원관리시스템이다. 즉, 회계정보시스템을 포함하는 기업경영시스템이다.

제2절 ERP 시스템은 회계투명성을 제고시킨다?

　"35개국 가운데 회계투명성은 꼴찌" 지난 2001년 1월 한국의 회계법인들은 큰 충격을 받았다. 믿기지 않는 통계가 발표됐기 때문이다. 미국의 회계법인인 PriceWaterhouseCoopers(PwC)의 설문조사 결과, 놀랍게도 한국이 회계투명성에서 "꼴찌"라는 불명예를 안은 것이다.[1] 설문대상은 세계 35개국 주요 기업임원과 은행대출 담당자, 분석가 및 공인회계사였다. 외환위기 이후 수차례 회계제도를 개혁했음에도 불구하고 국제사회에서 한국기업에 대한 불신의 골은 매우 깊었던 것이다.

"회계부정"이라는 낙인이 찍히면 시장의 불신은 쉽사리 해소되지 않는다. 지난 2001년 12월 2일 세계 7대 기업인 엔론의 파산 이후 잇따른 회계부정의 소용돌이 속에 휘말렸던 미국경제가 그랬다. GE 존슨앤존슨 등 초우량기업에 대해서도 분식회계 의혹이 제기되는 등 회계 전반에 대한 신뢰성이 상실되었다. 이로 인해 주가가 급락하고 가뜩이나 약세기조를 보이던 달러화 가치는 추가로 하락하였다. 눈치 빠른 국제자본의 미국 탈출도 부채질하였다. 엔론사태는 회계부정의 말로가 어떤 것인지 극명하게 드러내 준 사건이었다.

최근 우리나라 S그룹의 분식회계는 "한국판 엔론사태"로 비유된다. 1조 5천억 원이 넘는 S그룹의 분식회계 사건으로 주식, 채권, 환율시장이 요동을 친 것도 엔론사태와 다를 바 없다.

S그룹과 엔론은 거대기업으로 성장가도를 달렸지만 그 이면에는 구멍 난 재무제표가 있었다. S그룹과 엔론사태는 회계정보의 신뢰성 상실이 시장의 불신으로 이어진다는 것을 보여준다. 기업회계정보에 대한 신뢰는 그 나라 시장경제시스템의 건전성에 대한 신뢰에 직결된다. 기업분석이 회계정보를 기초로 하여 이루어지기 때문에 정확한 회계정보가 공급되지 않고서는 신용평가 · 증권분

---

1) 장지인 · 배길수 · 전영순(2002)은 PwC의 설문조사 결과를 재조명한 결과 우리나라의 회계 분야 불투명지수는 35개국 중 21위 수준에 해당한다는 결론을 제시하였다. 이는 최하위는 아니지만 우리나라의 회계 분야 불투명지수가 여전히 높다는 것을 의미한다.

석·자산운용 등이 연쇄적으로 왜곡되는 결과를 초래한다.

이런 측면에서 세계적으로 기업 경영기반의 재구축에 있어 최적의 정보시스템으로 인정받고 있는 ERP 시스템은 회계정보의 신뢰성 확보를 위해 노력하고 있는 우리나라 기업에게 있어서도 필요한 것이라 여겨져 활발하게 도입되고 있다.2) 이러한 ERP 시스템은 BPR (Business Process Reengineering)을 통한 정보의 일원화와 실시간화를 이루어 매출정보나 재고상태 등 수시로 변화하는 경영상황에 관한 정보와 데이터를 용이하게 파악할 수 있도록 해주는 등 경영 투명성 제고에 영향을 주고 있다. 투명회계대상을 수상한 기업들 대부분이 ERP 시스템을 도입하고 있었으며, ERP 시스템 도입으로 인해 회계정보의 신뢰성을 제고할 수 있었다는 보도내용을 통해서도 알 수 있다.3)

---

2) ERP: Enterprise Resource Planning, 기업은 경영활동의 수행을 위해 회계, 자금, 원가, 고정자산 등의 시스템을 갖고 있는데 ERP는 이처럼 전 부문에 걸쳐있는 경영자원을 하나의 체계로 통합적 시스템을 도입함으로써 투명성 확보 및 생산성을 극대화하려는 대표적인 기업 리엔지니어링 기법이다.

3) 아래의 내용들은 ERP 시스템이 회계정보의 신뢰성을 제고할 수 있음을 보도한 것이다.

"(주)만도와 제일기획이 한국회계정보학회가 주최하고 朝鮮경제가 후원한 '제1회 경영정보대상'의 종합 부문 대상을 수상했다. (중략) 한국회계정보학회 이광조 회장은 '만도는 생신에서 회계까지 기업 중심 업무를 일괄적이고 투명하게 처리할 수 있는 ERP(전사적 자원 관리 시스템)를 만든 점이 높은 평가를 받았다'고 밝혔다.", 조선일보, 2003. 6. 15.

"지난 3일 한국회계학회로부터 투명한 회계관행을 정착시킨 공로로 '제1회 투명회계대상'을 수상한 김선진 유한양행 사장은 (중략) '세무당국 및 금융감독원의 감리 결과 투명성이 높은 것으로 평가됐고 내부감사 시스템이나 전사적 자원관리(ERP)시스템의 자율 통제제도도 합리적인 것으로 인증받았다'고 강조하였다.", 한국경제신문, 2001. 7. 5.

"ERP는 IMF가 요구하는 '기업경영의 투명성' 확보에도 탁월한 효능을 이에 학계에서는 ERP 시스템의 도입에 관한 연구, ERP 시스템의 도입요인에 관한 연구, ERP 시스템의 성공요인에 관한 연구 등이 활발히 진행되고 있다. 또한 실무에서도 ERP 시스템 도입으로 인한 직무연수 등을 실시하고 있는 등 빠르게 대응하고 있다.[4] 그러나 기존의 ERP 시스템 관련 연구는 시스템적인 측면에서의 연구가 대부분이었으며, 회계학적인 관점에서의 연구는 재무적 성과 측정, 회계모듈 설계 및 운영 등에 대해 사례연구를 한 정도이다. ERP 시스템이 회계정보의 신뢰성에 어떻게 영향을 미치는지, 즉 이익조정을 감소시킬 수 있는지에 대한 연구는 전무하다.

이에 본 연구에서는 ERP 시스템 도입을 통해 효율적인 관리가 가능해짐으로 인해 매출채권 회수기간 단축, 재고자산회전율 등의 증가로 경영자의 이익조정이 감소할 수 있다는 데에 착안하여 연구를 진행하였다. 본 연구의 결과는 ERP 시스템 도입에 따라 이익조정이 감소하는지를 실증적으로 검증함으로써 회계정보의 질이 향상될 수 있는지를 보여준다는 데 의의가 있다.

발휘한다. 기업 신용평가에 있어 까다롭기로 이름난 S&P나 무디스도 ERP를 통해 산출한 기업 자료라면 그대로 받아들인다. 미국 유럽의 선진국들이 ERP를 앞 다투어 도입하는 이유이기도 하다.", 한국경제신문, 1998. 6. 8.

4) 한국공인회계사회는 2004년 1월 5일부터 2월 4일까지 (주)더존다스와 공동으로 서울 창원, 수원, 부산, 대구, 전주 등 전국 8개 도시에서 '2004년 제1차 ERP 직무연수'를 실시하였다. 공인회계사 2004년 2월호, p.8.

제3절 ERP 시스템과 회계투명성과의 관계는?

우리나라 기업들은 국제통화기금(IMF) 관리체제를 맞으면서 경영 투명성 제고 및 기업정보화의 일환으로 ERP 시스템 도입에 보다 적극적으로 나서게 되었다. 이러한 ERP 시스템 시장의 증가는 e-Business의 성장과 더불어 점차 중소기업으로까지 확산·도입되고 있다. Laytham(1997)은 ERP 시스템 도입에 따른 정형화된 평가기법의 부족, 비교 및 평가 부재 등이 시스템적인 차원에서 제기되고 있다고 규명하였으며, 평가의 필요성이 강조되고 있다고 하였다.[5]

ERP 시스템은 기존 시스템과는 차별화되기 때문에 기업 경영에 적용시켰을 때 프로세스의 기능, 시스템 구조 및 시스템 도입에 대한 성공요인은 무엇인가에 대한 다양한 연구가 시도되었다. 그러나 학계의 ERP 시스템 관련 연구는 대부분 경영정보학적인 측면에서 다루었으며, ERP 시스템의 도입에 따라 경영자의 이익조정이 감소되는지에 대한 연구는 없었다.

이익조정에 관한 연구 또한 주로 어느 정도의 기업들이 이익을 조정하는지, 어떠한 상황에 처한 기업들이 이익조정을 하는지 등에 관한 연구가 대부분이다. ERP 시스템 도입으로 인해 이익조정이 감소하는지에 대한 연구는 이루어지지 않았다. 투명회계대상을 수상한 기업들 대부분이 ERP 시스템을 도입하고 있었고, ERP 시스템 도입을 통해 회계정보의 투명성을 확보할 수 있었다

---

5) K. Laytham., "IT Infrastructure Methodology of ERP Systems", Worldclass ERP, Track-A: A010, 1997. pp.80-95.

고 한다. ERP 시스템은 회계투명성 향상에도 분명 영향을 미치고 있는 것으로 판단되지만, 이에 대해 실증적인 연구는 없었다.

이에 본 연구에서는 ERP 시스템 도입으로 인한 효율적인 관리로 인해 매출채권 회수기간 단축, 재고자산회전율 등의 증가로 경영자의 이익조정 가능성이 감소하여 회계투명성이 제고될 수 있는지를 규명하는 데 연구의 목적을 두었다. 즉, ERP 시스템 도입으로 인해 경영자의 회계조정이 어렵게 됨에 따라 이익조정이 감소하는지를 검증하고자 한다. 본 연구의 결과는 ERP 시스템과 이익조정감소와의 관계를 실증적으로 분석하여 제시함으로써, ERP 시스템 도입을 통해 투명회계 달성이 가능할 수 있는지를 규명할 수 있을 것으로 판단된다.

제4절 어떻게 분석할까?

본 연구의 목적을 달성하기 위해 문헌연구와 실증연구를 병행하였다. (그림 3)은 본 연구의 흐름을 나타낸 것이다.

(그림 3)을 보면 먼저 ERP 시스템의 개념과 특징, ERP 시스템의 성과 측정, 이익조정에 관련된 선행연구를 검토·기술하여 실증분석의 토대를 마련한다. 실증분석에서는 KIS-FAS와 TS-2000에 데이터가 구축되어 있는 상장기업을 중심으로 ERP 시스템 도입이 이익조정에 미치는 영향에 대한 가설을 설정하고 연구모형을 구축하여 통계적 분석을 실시한다.

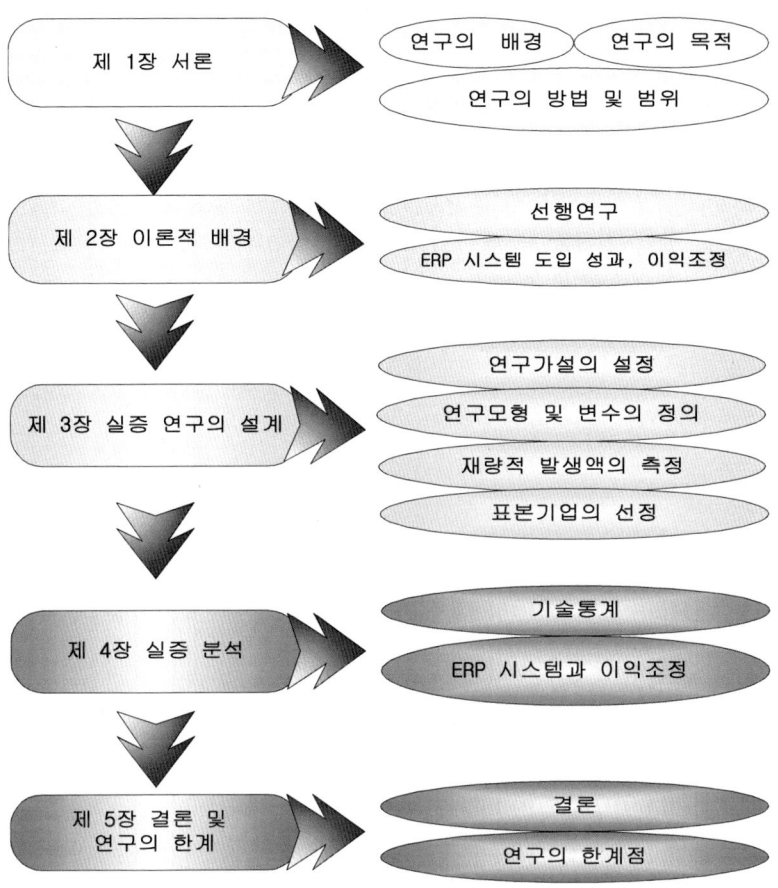

(그림 3) 연구의 구성도

본 연구는 5장으로 구성된다. 제Ⅰ장 서론에 이어 제Ⅱ장 이론적 배경에서는 ERP 시스템과 도입 성과에 관한 연구, 이익조정 동기에 관한 연구 및 이익조정 감소에 관한 선행연구를 검토한다. 제Ⅲ장에서는 제Ⅱ장에서의 이론적 배경을 토대로 ERP 시스템 도입과 이익조정과의 관계를 검증하기 위한 가설이 설정되며,

가설을 검증하기 위한 회귀모형과 표본에 대해 살펴본다. 또한 가설검증을 위한 통제변수와 이익조정측정치로 사용한 재량적 발생액 측정방법에 대해 살펴본다. 제Ⅳ장에서는 표본기업에 대한 기술통계와 ERP 시스템 도입이 이익조정에 어떠한 영향을 미치는지에 대한 실증분석 결과가 제시된다. 끝으로 제Ⅴ장에서는 연구결과를 요약하고, 연구의 한계를 제시한다.

Chapter 2 이론적 배경

제1절 ERP 시스템이란?

제2절 관련연구에 대한 검토

제1절 ERP 시스템이란?

1. ERP 시스템의 정의

시장 환경이 글로벌화됨에 따라 생산 물류의 거점이 국내외 여러 곳에 산재하게 되고 글로벌전략, 최적의 자원 관리 및 최적 공급체제 구축이 더욱 중요하게 되었다. 정보관리 측면에서는 글로벌하게 통합된 질 높은 정보를 신속하게 제공하여 최적의 제품 공급 및 자재 수급이 이루어질 수 있도록 기업 내외의 전체 프로세스를 일관되게 통합할 수 있어야 하는데 ERP 시스템은 이러한 기업의 전반적인 요구사항을 연계 관리해 주고 도와줄 수 있는 응용프로그램의 집합이다.

이 응용프로그램은 회계와 영업관리를 위주로 간단한 생산관리 기능을 부가한 경영정보시스템과 생산 및 공정관리 중심의 생산정보시스템 등의 복합된 기능을 가지고 있다. ERP는 Enterprise Resource Planning의 약자로서 전사적 자원 계획이라고 번역되며 기업 전체의 경영자원을 유효하게 활용한다. 이러한 관점에서 회계/생산/물류/구매 등의 업무 기능 전체에 최적화를 도모하면서 경영 효율화를 추구한다는 개념으로 기업 리엔지니어링 운동을 가리킨다.

현재 ERP 시스템에 대한 정의는 정보시스템 컨설팅 회사, 학회, 연구회, 그리고 개인 연구자들에 의해 각자의 관점으로 정의되고 있다. 그 사용범위 또한 구체적인 소프트웨어 패키지를 지칭하는 것에서부터 새로운 경영관리의 개념에 이르기까지 폭넓게 사용되고 있다.6)

ERP 시스템의 정의에 대한 국내 연구자로 임춘성(1997)은 ERP 시스템을 기업 내의 회계, 재무, 생산, 영업 등 기본적인 업무프로세스를 통합적으로 운영 관리해 주며, 각종 정보의 공유와 새로운 정보의 생성, 올바른 의사결정을 도와주는 전사적 통합정보시스템으로 정의하였다.7) 박영웅(1997) 또한 이와 동일하게 ERP 시스템을 각종 경영자원을 하나의 통합적인 체계로 재구축함으로써 생산성을 극대화하고 대외 경쟁력을 높이면서 대표적으로 기업 리엔지니어링을 추구하는 전사적 자원관리 기법이라고 하였다.8)

노규성(1999)은 ERP 시스템의 기능적 구성방법을 제시하기 위해 ERP 시스템의 기능을 중심으로 개념을 정리하였고 최근 확대되고 있는 기능에 맞게 ERP 시스템의 개념을 재정의하였다.9) 기업이 활용하는 정보시스템의 역할이 기간 업무의 효율적 처리로부터 시작되어 경영에 관련되는 의사결정의 효율·효과를 지원하는 방향으로 발전해 왔다. 그러나 최근에는 전략적 비전실현

---

6) 조남재·유용택, "ERP 패키지 도입특성에 관한 연구", 경영정보학 '98 추계학술발표대회 논문집, 1998, pp.353-364.

7) 임춘성, "소프트웨어 산업혁명: ERP 현황과 발전방향", 소프트웨어 산업 통권 제29호, 1997, pp.49-53.

8) 박영웅, "ERP 시스템 도입효과", 경영정보학 '97 추계학술대회 논문집, 1997, pp.251-265.

9) 노규성, "ERP 패키지의 기능적 구성", 정보처리학회지 제6권 제5호, 1999, pp.38-47.

및 경쟁우위 창출을 위한 역할을 수행하는 방향으로 발전해 왔기 때문에 기업의 중대한 정보시스템 욕구에 맞게 그 기능을 확대하여야 한다고 하였다.

정희연·정은주(1999)는 ERP 시스템은 기업 내부 업무 기능 간의 통합성을 제공하면서 경영효율화와 글로벌 기업으로 도약하기 위한 IT백본의 역할을 담당하고 있다고 하였다.[10) 또한 미래의 기업경영은 ERP와 인터넷에서 처리되는 정형화된 정보뿐만 아니라 조직구성원들의 노하우와 조직 내의 지식들이 한곳에 통합되어 경영에 시너지 효과를 낼 수 있는 지식경영으로 이어질 것이라고 예측하였다.

김동일(1999)은 ERP 시스템에 대해 좀더 포괄적으로 정의하고 있는데, 전통적인 시스템의 개념에 덧붙여 기업의 자원계획과 실행에 관계되는 모든 자원을 통합적으로 처리하고, 기본적인 업무의 프로세스를 통합하여 유용한 정보와 의사결정을 지원하는 통합정보시스템이 ERP 시스템이라고 하였다.[11) 또한 ERP 시스템은 회계, 재무, 영업 등의 순수관리 부문과 경영지원 기능을 포함하고 있다고 하였다.

ERP 시스템은 이들 모든 업무에 고객회사 또는 하청회사 등 공급업체에 대한 최적의 의사결정을 내려줌으로써 업무효율성을 증대 시켜주는 통합된 정보시스템을 목표로 한다. 따라서 ERP 시스템이 완벽하게 도입되면 자동 자재발주 및 최적의 생산계획

---

10) 정희연·정연주, "경영혁신을 위한 ERP와 미래기업 경영", 정보처리학회지 제6권 제5호, 1999, pp.163-172.

11) 김동일, "ERP 시스템의 통합 프로세스 모델 평가", 산업경제연구 제10호, 1999, pp.265-282.

에 의한 최적원가의 생산이 가능하며, 재고의 최소화는 물론 모
든 자금의 흐름이 실시간으로 파악된다. 그러므로 최고 경영자는
기업 내부 업무에 관한 모든 것을 적시에 파악할 수 있다. 각 기
업에서 회계를 중심으로 한 ERP 시스템을 도입함에 따라 회계법
인에서도 ERP 시스템에 관련한 자문을 해주고 있다.[12]

ERP 시스템에 대해 다양한 개념이 산재함에도 불구하고 가장 보
편적으로 사용되고 있는 개념은 APICS(American Production &
Inventory Control Society)와 가트너 그룹이 내린 정의이다. APICS
와 Gartner Group이 내린 ERP 시스템의 정의는 다음과 같다.

· APICS :

An accounting-oriented information system for identifying
and planning the enterprise-wide resources needed to make,
ship, and account for customer orders.

· Gartner Group :

A set of applications designed to bring business functions into
balance and represents the next generations of business system.

즉, ERP 시스템은 자재소요량 계획을 위한 좁은 의미의 MRP
(Material Requirement Planning)와 제조자원 계획의 최적화를 위

---

12) 이와 관련된 기사를 보면 '영화회계법인과 업무관계를 맺은 지 어언 15
    년이 지났다. (중략) 기업경영의 동반자로서 한그라스 그룹의 전반적인
    회계, 세무, ERP 시스템과 관련해 진솔한 자문을 받고 있다. (중략) 한
    국유리공업이 지난해 한국회계학회가 시상하는 제1회 투명회계대상을 수
    상할 수 있었던 것은 영화회계법인의 적절한 조언 덕이라 하지 않을 수
    없다.', 파이낸셜뉴스, 2002. 1. 19.

한 넓은 의미의 MRP II (Manufacturing Requirement Planning)보다 한 단계 위의 시스템이다. 즉, 기업 전체의 최적 자원관리를 위해서 회계 및 원가관리/자재관리/품질관리/설비관리/영업관리/고객관리/생산관리/프로젝트관리/인사 · 급여관리를 통합한 시스템이다. ERP 시스템 내부에 정비된 프로세스는 가장 합리적이고 표준적인 모형이라는 가정에 입각하고 있어서 현업의 프로세스 및 정보 모형과 ERP 시스템 내부에 정비된 프로세스 및 정보모형의 차이 분석을 통하여 이를 도입한 기업은 자연적으로 리엔지니어링을 수행하게 된다.

이에 본 연구에서는 지금까지 살펴본 각 연구자 및 협회의 정의를 토대로 ERP 시스템을 "기업 내의 업무 과정들을 통합적으로 연계해서 관리해 주며, 주변 환경에서 생성되는 정보들을 서로 공유하여 새로운 정보 생산 및 의사결정을 쉽게 할 수 있도록 도와주며, 업무효율성을 증대 시키는 전사적 자원관리시스템"이라고 정의한다.[13)]

2. ERP 시스템의 본질

ERP 시스템을 도입함으로써 그 효과가 나타나고 이로 인해 ERP 시스템 도입은 빠르게 번지고 있다. ERP 시스템의 본질은 정보기술의 발전에 따라 생산현장에서 수많은 시행착오와 새로운 컴퓨터 기술이 접목된 시스템이라는 것이다. ERP 시스템은 What-If

---

13) ERP라고 하면 흔히 ERP 패키지 소프트웨어를 가리키는 경우가 많다. 본 연구의 ERP 시스템 또한 동일한 의미로 사용하였다.

시뮬레이션 능력을 갖춘 시스템으로 시뮬레이션의 결과를 보고 계획의 변경사항이 생기면 다시 계획되어 재실행된다. 즉, ERP 시스템은 각 모듈 간의 실시간 연계를 통해 정보의 조정을 미연에 방지하는 시스템이다.

또한 ERP는 CIM(Computer Integrated Manufacturing)의 기본이며 Subset이다. 즉, CAD(Computer-aided design)/CAM(Computer-aided Manufacturing)과는 상호 보완하는 유기적 관계에 있다. 다시 말하면, 연구/설계 시스템은 CAD에 의해서 주로 이루어지며, 공정부문은 CAM에 의해서 이루어진다. 따라서 공장 자동화로서의 CIM은 이들 CAD와 CAM 사이의 관리를 연계해주는 관리자동화로서 ERP를 필요로 하게 된다. 그리고 또한 앞서 설명하였듯이 ERP는 시스템이기 때문에 BPR과 같은 생산성 향상 기법도 함께 필요로 한다.

3. ERP 시스템의 구성

지금까지 살펴본 바와 같이 ERP 시스템은 최신 정보기술을 활용해 회계, 판매, 생산, 물류 등 기업의 기간업무 전체를 횡단면적으로 포함하는 기업정보시스템이다. 즉, 생산관리 소프트웨어나 회계 소프트웨어 등 개별업무 대응형 응용프로그램과는 다르다. 김성수·신예돈(1999)은 일반적인 ERP 시스템은 회계를 중심으로 도입되기 때문에 업무에 필요한 많은 부분이 회계를 중심으로 도입되는 경향이 있다고 하였다.[14] ERP 시스템의 최대 특징은

14) 김성수·신예돈, "중소기업 ERP 시스템 구축 전략", 정보처리학회지 제6

실시간 통제를 통해 내부통제가 강화된다는 점이다. 특히, 회계를 중심으로 도입되는 ERP 시스템은 회계정보에 대해 정보의 일원화, 통합화를 통해 실시간으로 통제함으로써 회계정보의 조정을 감소시킨다.

국내외에서 도입하고 있는 ERP 시스템의 공통된 특징을 살펴보면 구조가 명확하게 정리되어 있으며, 도입 및 구축순서가 준비되어 있다. 또한 기간 업무에 대응한 모듈이 풍부하고 각 기능이 충실하며, 최신 정보기술에 기민하게 대응하고 개방성이 보증되어 있다. 이러한 ERP 시스템은 세계 표준정보기술이 채택되어 있고, 다국적 환경에서의 운용을 전제로 한 글로벌화에 대응할 수 있다. 마지막으로 통합 데이터베이스의 채택에 의해 데이터 및 정보의 일원화와 공유화가 가능하다는 것이다.

현재 유통되고 있는 ERP 시스템의 대다수는 업무 응용프로그램, 통합 데이터베이스, 운용관리 지원환경 및 개발·고객화 지원환경이라는 네 개의 부분으로 구성되어 있다. 이들에 대해서 살펴보면 다음과 같다.

1) 업무 응용프로그램

회계시스템, 생산관리시스템, 판매시스템 등의 기간 업무에 대응해 각각의 업무를 실행하기 위해 필요한 기능을 제공하는 독립성이 높은 모듈들이다. 또한 ERP 시스템마다 포함하는 영역이 다르고 중점을 어디에 두느냐도 다르다.

권 제5호, 1999, pp.64-72.

2) 통합 데이터베이스

범용 또는 표준 데이터베이스나 ERP 시스템 고유의 데이터베이스가 있다. 전환은 실시간으로 데이터베이스에 반영되고 일괄처리를 개재시키지 않고 각 하위시스템에서 공유한다. 데이터는 일원관리한다.

3) 개발·고객화 지원환경

ERP 시스템이 제공하는 업무 응용프로그램의 표준기능을 사용자 요구에 맞추기 위한 프로그래밍 기능이며, 독자적인 프로그램을 갖고 있는 ERP 시스템도 있다. 기업의 기간 업무를 어떠한 기준으로 모듈화시킬 것인가? 즉, ERP 시스템이 어떠한 업무 응용프로그램 모듈로 구성되어 있는가는 그 패키지 개발 개념이나 ERP 시스템 공급업체에 달려 있다.

회계, 판매 등은 거의 모든 ERP 시스템에 공통된 모듈인데 하위모듈 수준에서는 그 구성이 다른 경우도 있다. 또한 특정한 ERP 시스템만이 제공하고 있는 모듈이나 기능도 있다.

일반적인 업무기능 모듈(회계 및 재무 시스템, 생산시스템, 판매시스템, 물류시스템, 인사시스템, 유지보수시스템)을 예로 들어 각 하위모듈을 소개하면 다음과 같다. 회계 및 재부 시스템은 재무회계(총계정원장, 외상매출/매입관리, 채권/채무관리, 고정자산관리, 재무제표, 연결결산, 여신관리, 외환관리)와 관리회계(예산관리, 원가관리, 이익관리, 사업계획)로 이루어져 있다.

생산시스템은 생산관리(부품표관리, 생산계획, MRP 스케줄링,

생산현장관리, 품질관리, 설비관리, 제조번호관리, 복수점검지원), 재고관리(입출하관리, 지급품관리, 자재관리, 재고조사관리), 구매관리(발주관리, 인수관리, 반품관리, 구매견적관리) 등으로 이루어져 있다. 판매시스템은 판매관리 즉, 수요예측, 수주관리, 판매계획/분석, 고객관리, 거래문의 관리, 견적관리, 출하관리, 마케팅, 판매계약관리, 영업지원, 청구관리 등으로 이루어져 있다.

물류시스템은 소요량 계획, 수송관리, 수출입관리, 창고관리 등으로 이루어져 있으며, 인사시스템은 인원배치계획, 노무관리, 근태관리, 인사고과, 고용계획, 교육능력개발지원, 급여계산, 복리후생관리 등으로 이루어져 있다. 유지보수시스템은 보수/보전관리, 유지보수계획 등으로 이루어져 있다. 이상과 같이 ERP 시스템이 대상으로 하고 있는 기간 업무는 계획기능과 관련된 모듈을 프로그램화함으로써 정보의 조정을 방지한다.

4. ERP 시스템의 분류

국내외에서 이용하고 있는 ERP 시스템의 대다수가 북미에서 개발된 것이며 국내외에서 많이 유통되고 있는 ERP 시스템은 약 15개이다. [표 2-1]은 현재 국내외에서 유통되고 있는 ERP 시스템 현황을 나타낸 것이다.

[표 2-1]에서 보는 바와 같이 현재 국내외에서 유통되고 있는 ERP 시스템은 유니 ERP, K 시스템 등의 국내산 ERP 시스템 8종과 SAP, BAAN 등의 외국산 ERP 시스템 7종이 있다.

[표 2-1] 국내외에서 유통되고 있는 ERP 시스템

구 분	제 품 명
외국산 ERP 시스템	BAAN
	BPCS
	MANMAN
	MAX MRP
	MFG PRO
	Oracle
	SAP R/3
국내산 ERP 시스템	유니 ERP
	K 시스템
	모벡스 Syste
	메디 ERP
	E-Z MRP Ⅲ
	VISION 21
	Ⅲ MRP

주 1) 자료: 시사컴퓨터, 2001. 8, pp.21-24

ERP 시스템의 대다수는 회계시스템을 중심으로 개발되었으며, 생산관리시스템이나 인사관리시스템으로부터 발전해온 ERP 시스템도 있다. 이하에서는 ERP 시스템에 대해서 업종별, 기업규모별로 구분하도록 하겠다.

1) 전업종용과 특정업종용

ERP 시스템의 대다수는 서로 다른 업종, 업태에 대응하도록 범용적으로 개발되었지만 생산, 판매 및 물류와 같은 기간 업무는 사업형태에 따라 상당한 차이가 있다. 이러한 점을 강조해 개발된 ERP 시스템도 있는데, 의료업체를 대상으로 한 메디 ERP 시스템이 대표적인 사례로 꼽히고 있다. 회계나 인사 등의 기간업무는 업종의 차이에도 불구하고 일반적으로 공통된 기능이다.

2) 대기업용과 중소기업용

자본금, 매출액 및 종업원 수 등 기업규모가 달라도 기간업무나 그 내용에 차이가 있는 것은 아니며, 업무량과 경영조직의 복잡함에 있어서만 차이가 난다. 따라서 ERP 시스템의 기본기능은 같지만 대기업용에는 몇 가지 특수한 기능들이 있다.

예를 들어 복수의 사업부나 생산, 판매거점에 걸친 분산처리기능과 관련된 계열사를 포함한 연결처리기능 등을 들 수 있다. 대기업용 ERP 시스템 시장이 성숙해짐에 따라 중소기업용 ERP 시스템도 개발되고 있는 추세이다.

제2절 관련연구에 대한 검토

ERP 시스템 도입과 이익조정 감소 즉, 재량적 발생액 감소와의 관계를 분석하는 것이 본 연구의 목적이다. ERP 시스템 도입과 이익조정에 관한 직접적인 선행연구가 없는 관계로 다음과 같은 선행연구를 검토하였다.

첫째, ERP 시스템 도입 성과에 관한 연구를 검토하였다. ERP 시스템 도입 성과 중 매출채권 회수기간 단축, 재고자산회전율 증가 등의 재무성과는 발생액에 영향을 미칠 것으로 판단되어 재무성과를 중심으로 살펴보았다. 둘째, 이익조정 동기에 관한 연구를 살펴봄으로써 이익조정의 원인을 파악하였다. 셋째, 이익조정 동기에 대한 연구와 구별하여 이익조정 감소에 대한 연구를 살펴보았다.

이상과 같은 선행연구 검토를 바탕으로 ERP 시스템 도입이 이익조정에 미치는 영향을 분석하기 위한 본 연구의 틀을 마련하였다. 이하에서는 위에서 언급한 대로 ERP 시스템 도입 성과에 관한 연구, 이익조정 동기에 관한 연구 및 이익조정 감소에 대한 연구를 중심으로 살펴보도록 하겠다.

1. ERP 시스템 도입 성과에 관한 연구

ERP 시스템의 도입으로 회계와 영업 간의 데이터일치 보장, 한번의 입력으로 회계처리 전 과정을 자동으로 연계하여 이 중 작업을 방지하는 등 투명한 업무처리가 가능하다. 또한 효율적인 경영관리로 인해 매출채권 회수기간 단축, 정확한 재고파악, 적시 납품 등으로 인해 재고자산 회전율이 증가하는 등 재무적 성과도 나타나고 있다.

나영·장지인·박문기(2000)는 ERP 시스템 도입이 기업의 재무성과에 어떠한 영향을 주고 있는가에 대해 재무비율변수 비교를 통하여 분석하였다.[15] 분석 결과 ERP 시스템 도입으로 인한

---

15) 나영·장지인·박문기, "ERP 구축에 따른 기업의 성과측정", <u>대한경영 학회지</u> 제24호, 2000, pp.305-348.

단기효과(1년)로는 매출채권 회수기간 단축, 재고자산 회전율 증가, 생산성(노동소득분배율) 향상 및 경영성과(평균유효이자율)가 향상되는 것으로 나타났다. 즉, ERP 시스템 도입 후가 도입 전보다 효율적인 경영관리로 인해 매출채권 회수기간 단축 및 재고자산 회전율이 증가되는 것으로 나타났다. 이러한 매출채권 회수기간 단축 및 재고자산 회전율 증가와 같은 ERP 시스템 도입 효과는 발생액에 영향을 주는 계정들로서 경영자의 이익조정 가능성을 감소시킴으로 인해 재량적 발생액이 감소될 것으로 판단된다. 또한 ERP 시스템 도입 기업의 노동소득 분배율이 비도입 기업보다 적은 것으로 나타나 ERP 시스템 도입으로 인해 더 많은 부가가치가 창출되고 있다고 하였다. 경영성과에서도 ERP 시스템 도입 기업의 평균유효이자율이 비도입 기업보다 유의하게 낮은 것으로 나타나 비도입 기업보다 자금사정이 양호한 것으로 나타났다. 중기효과(2년)로는 수익성, 활동성, 생산성 등이 비도입 기업보다 유의하게 높은 것으로 나타났다. 즉, ERP 시스템 도입 기업의 1주당 매출액이 비도입 기업보다 현저하게 향상되었는데 이는 ERP 시스템의 특징인 최적의 전사적 관리를 통해 고객이 원하는 제품을 적기에 공급하고 있다는 것을 의미한다. 이러한 분석 결과를 바탕으로 ERP 시스템을 도입한 후 1년이 경과하면서부터 그 효과가 나타난다고 분석 결과를 제시하였다.

공두진(2002)은 ERP 시스템의 성공요인이 사용자 만족과 재무적 성과에 미치는 영향관계를 규명함으로써 ERP 시스템 도입에 적합한 판단 기준과 지침을 제공하였다.[16] 연구결과 ERP 시스템

---

16) 공두진, "ERP 시스템의 성공요인이 재무적 성과에 미치는 영향", 동아

의 사용자 만족은 기업의 재무적 성과(재고자산회전율 증가, 직접원가감소, 간접원가감소, 운영비 감소, 총자산이익률 증가, 자기자본이익률 증가, 영업이익 증가, 주당순이익 증가, 매출액 증가율 증가, 순이익률 증가 등)에 유의한 영향을 미치고 있는 것으로 나타났다. 특히 재고자산회전율의 증가는 나영·장지인·박문기(2000)의 연구에서와 같이 경영자의 이익조정 가능성을 감소시켜 재량적 발생액이 감소될 것으로 판단된다. 또한 ERP 시스템의 성공요인도 기업의 재무적 성과에 양의 유의한 영향을 미치고 있는 것으로 나타났다.

김명희·김준호(2003)는 ERP 시스템 도입이 내부통제를 강화시키는지에 대해 분석하였다.[17] 분석 결과 ERP 시스템으로부터 생성되는 정보는 정확성, 명확성, 적시성, 상세성, 일치성 등이 증가하여 ERP 시스템 도입으로 인해 내부통제가 강화되는 것으로 나타났다. 또한 ERP 시스템으로부터 생성되는 정보는 유용성, 만족도 및 조직성과와 모두 유의한 양의 관계가 있는 것으로 나타났다. 또한 장영수·김준호(2002)는 ERP 시스템 중 회계모듈을 중심으로 도입 성과를 측정하였는데 ERP 시스템의 회계모듈에서 생성되는 정보의 질은 유용성과 만족도에 모두 유의한 양의 관계가 있는 것으로 나타났다.[18]

Hayes et al.(2001)은 ERP 시스템 도입 발표에 대한 시장의 반

대학교 대학원 박사학위논문, 2002.

17) 김명희·김준호, "ERP 시스템의 성과평가에 관한 실증적 연구", 경영교육논총 제31집, 2003, pp.217-236.

18) 장영수·김준호, "ERP 시스템의 회계정보시스템 성과평가에 관한 실증적 연구", 경영교육논총 제28집, 2002, pp.437-456.

응을 살펴보았는데, ERP 시스템 도입 발표에 대해 유의적인 양의 반응을 보였다.[19] James et al.(2003)은 ERP 시스템 도입 발표 전후에 대해 기업분석가들의 이익예측치 변화에 대해 연구하였 다.[20] 분석 결과 ERP 시스템 도입 발표 이후가 발표 전보다 더 양호하게 이익예측을 하고 있는 것으로 나타났다. 또한 Hayes et al.(2001)은 기업의 정보시스템 아웃소싱 발표에 대해 시장에서의 반응을 살펴본 결과에서도 양의 유의한 관계가 있는 것으로 나타 났다.[21] 이러한 연구결과는 ERP 시스템의 도입으로 인해 기업의 수익성이 호전될 것이라는 시장의 기대가 반영되었기 때문이다.

이외에도 황재훈·이선로(2002)는 국내 기업들이 ERP 시스템 도입 성과를 제대로 달성하고 있는지를 분석하였는데, ERP 시스 템과 업무 프로세스의 호환성, 도입부서의 변화관리 능력이 성과 에 영향을 미치고 있는 것으로 나타났다.[22] 한영희(2002)는 ERP 시스템의 세무정보효과에 대해 전북지역에 주된 영업소를 두고 있는 중소기업을 대상으로 설문지를 통해 분석하였다. 분석 결과

---

19) D. C. Hayes, J. E. Hunton and J. L. Reck, "Information Systems Outsourcing Announcements: Investigating the Impact on the Market Value of Contract Granting Firms", *Journal of Information Systems*, 14(2): 2000, pp.22-35.

20) E. James Hunton, Ruth Ann McEwen and Benson Wier, "The Reaction of Financial Analysts to Enterprise Resource Planning (ERP) Implementation Plans", **working paper**, 2003.

21) D. C. Hayes, J. E. Hunton and J. L. Reck, "Market Reaction to ERP Implementation Announcements", *Journal of Information Systems* 15(1): 2001, pp.3-18.

22) 황재훈·이선로, "ERP 시스템 구축 및 효과에 관한 연구", *Journal of Information Technology Application & Management*, 2002, pp.47-56.

ERP 시스템 도입 기업의 세무정보효과가 비도입 기업보다 유의하게 높은 것으로 나타났다.[23] 또한 남천현(1997)은 ERP 시스템을 도입한 기업들은 구체적으로 인건비 절감, 재고량 감소, 리드타임 축소, 개발비용의 절감, 유지비용의 절감 등이 실현되어 기업가치가 제고되었다고 보고하였다.[24]

지금까지 ERP 시스템의 도입 성과에 대한 연구들을 살펴본 결과 ERP시스템은 많은 데이터의 지속적인 입력과 정확성을 요구한다. 많은 모듈들이 통합적으로 운영되고 있으므로 어느 한 부문에서 데이터를 조정하면 전체 시스템이 엉뚱한 방향으로 흘러간다. 즉, 조정이 가해짐으로 인해 시스템 전체가 오류에 빠지게 된다는 것이다. 이렇게 기업에서 도입하고 있는 ERP 시스템은 효율적인 경영관리가 가능해져 매출채권 회수기간 단축, 재고자산 회전율 증가를 가져와 경영자의 이익조정 가능성을 감소시킬 것으로 판단된다.

선행연구 검토 결과 많은 기업들이 ERP 시스템 도입 성과 중 투명성을 제1순위로 꼽고 있었다. 따라서 정확한 데이터의 입력은 필수이다. 정확한 데이터가 입력될 때 표준화된 ERP 시스템의 모듈들은 정상적으로 가동된다. 이러한 ERP 시스템의 특징으로 인해 ERP 시스템으로부터 생성되는 정보는 정확성, 명확성, 적시성, 상세성 등에서 ERP 시스템 도입 전보다 증가하는 것으로 나타나 효율적인 경영관리가 가능하였다고 하였다. ERP 시스

---

23) 한영희, "ERP 시스템의 세무정보 효과에 관한 연구", <u>경영교육논총</u> 제28집, 2002, pp.467-482.

24) 남천현, "ERP 환경하에서의 회계정보시스템 조망", <u>회계정보시스템연구</u> 제1호, 1997, pp.83-107.

템 도입으로 인한 효율적인 경영관리는 매출채권 회수기간 단축
및 재고자산회전율 증가를 가져와 경영자의 회계정보 조정 가능
성을 감소시켜 이익조정이 감소할 것으로 판단된다.

2. 이익조정 동기에 관한 연구

이익조정(earnings management)은 연구자에 따라서 상당히 다
른 의미로 정의되고 있다. Healy and Walen(1999)은 이익조정을
"기업의 경제적 성과에 대하여 투자자나 채권자를 오도하거나 회
계수치에 의해서 결정되는 계약관계에 영향을 주기 위하여 경영자
가 재무보고나 회계처리과정에 개입하여 공시되는 재무정보를 변
경시키는 것"이라고 정의하였다.[25] 이 정의에 대하여 추가적 설명
으로, 이익조정은 회계추정을 변경시키거나 회계처리방법의 선택
을 조정하거나 비용의 지출이나 수익의 인식시점을 조정하는 등
여러 가지 방법으로 행하여 질 수 있고, 이익조정의 목적을 투자자
나 채권자를 오도하는 것으로 보았다. 본 연구에서도 이익조정을
Healy and Walen(1999)의 정의에 따라 경영자가 회계정보를 조정
하는 것으로 하였다.

이렇게 이익조정은 기업과 여러 가지 계약을 맺고 있는 이해관
계자의 부에 영향을 미치게 될 뿐 아니라, 한 이해관계자의 부가
다른 이해관계자에게 이전되는 결과를 초래할 수 있다. 이러한 이

---

25) P. Healy, Wahlen, J, "A Review of the Earnings Management
    Literature and its Implications for Standard Setting", *Accounting
    Horizon* 13, 1999, pp.365-384.

유로 이익조정이 회계연구의 주요 대상의 하나로 관심을 받게 되었다. 대부분의 선행연구는 먼저 어떤 경제적 환경 속에서 경영자의 이익조정 동기가 강할 것인가를 파악하고(예를 들면 회계이익과 연계된 상여금 제도를 갖고 있는 경우, 부채계약을 위반할 가능성 등), 그러한 상황 속에서 기업 또는 경영자의 이익조정 행태를 분석하는 방식의 접근법을 사용하고 있다. 이에 본 연구에서는 선행연구를 통해 이익조정 동기에 의해 경영자의 이익조정이 있음을 확인하고 ERP 시스템이 경영자의 이익조정을 감소시킬 수 있는지를 분석하고자 한다.

경영자가 이익조정의 유인을 갖는 동기는 부채계약의 요구조건을 충족시키기 위해서, 정치적 규제를 회피하기 위해서, 자신의 상여금을 극대화하기 위해서, 법인세를 최소화하기 위해서 등 다양하다. 이하에서는 이러한 이익조정 동기에 대해 구체적으로 살펴보도록 하겠다.

부채계약 동기에 의한 이익조정에 대해 DeFond and Jiambalvo(1994)는 기업은 회계수치에 근거를 둔 부채계약이 위반될 가능성이 있는 경우 이를 회피하고자 이익을 조정한다고 하였다.[26] 만약 기업이 부채계약을 위반하게 되면 부채를 조기에 상환해야 되거나 차입이자율이 높아지게 되어 높은 계약비용을 치르게 된다. 따라서 경영자는 이러한 높은 계약비용을 회피하기 위해 이익조정을 할 동기를 갖게 된다. Sweeney(1994)도 기업이 부채계

---

26) M. Defond, J. Jiambalvo, "Debt Covenant Violation and Manipulation of Accruals", *Journal of Accounting and Economics* 17(January), 1994, pp.145-176.

약을 위반하게 될 경우 경영자가 어떠한 회계선택을 하는가를 1980년부터 1989년 중에 실제로 부채계약을 위반한 기업들을 대상으로 연구하였다.[27) 연구결과 이들 기업은 부채계약 조건을 위반하지 않기 위하여 이익과 현금흐름을 증가시키는 조정을 하였으며, 부채계약의 위약 비용이 큰 기업일수록 크게 나타났다. 국내 연구자로 장휘용(1997)은 경영난을 겪고 있는 기업들이 이익조정을 하는가를 연구하였다.[28) 장휘용(1997)은 90년대에 부실화된 42개 기업을 조사한 결과 부실 1, 2년 전에는 재무제표 상호간에 존재하는 논리적 연관성이 없음을 발견하였다.

정치적 규제를 회피하기 위한 이익조정 동기에 대해 Jones(1991)는 '높은 정치적 비용을 지불할 가능성이 큰 기업은 현재의 이익을 미래의 기간에 이연시키는 조정을 한다'고 하였다.[29) 기업의 활동이 사회적으로 민감하여 방송매체 등으로 공개되면 이들의 행동은 많은 사람들의 관심의 대상이 되어 정치적 이슈가 되고 이에 따라서 새로운 세금이 부과되거나 정책적으로 규제의 대상이 될 수 있다. 예를 들면, 오일쇼크 기간 동안 정유사들이 높은 순이익을 내자 많은 사람들이 이들이 기름가격을 너무 높게 책정했다고 비난하였고 이에 따라 미국 정부는 이들의 순이익에 세금

---

27) A. Sweeney., "Debt-Covenant Violations and Manager's Accounting Responses", *Journal of Accounting and Economics* 17(May), 1994, pp.281-308.

28) 장휘용, "부실기업표본을 이용한 우리나라 상장기업의 회계조정행위 분석", 회계학연구 제22권 제4호, 1997, pp.61-90.

29) J. Jones, "Earnings Management during Import Relief Investigation", *Journal of Accounting Research* 29(Autumn), 1991, pp.193-228.

을 추가로 부담시켰다. 따라서 정치적 비용을 지불할 가능성이
높은 기업일수록 당해 기간의 순이익을 낮게 보고하도록 이익조
정을 하게 된다.

상여금을 극대화하기 위한 이익조정 동기에 대해 Matsunaga
and Park(2001)은 분기이익목표의 달성 여부가 CEO의 연간보너
스에 미치는 영향을 분석하였다.30) 성과급에 영향을 미치는 제반
변수를 통제한 후, 기업의 분기이익이 최소한 2회 이상 재무분석
가의 예측치나 전년도 동 분기의 실적에 미치지 못하는 경우에
연간보너스에 유의하게 불리한 영향을 미치는 것으로 나타났다.
이러한 연구결과는 경영자 성과급이 경영자에게 재무분석가의 분
기이익 예측치와 전년도 동분기의 이익수준을 맞추도록 하는 경
제적 유인을 제공함을 시사하는 것이다. Healy(1985)는 '경영자는
자신의 보상을 최대화하기 위하여 이익을 조정한다'고 하였다.31)
Healy(1985)는 만약 경영자의 보너스가 순이익의 상한과 하한 사
이의 일정 범위에 걸쳐서 결정된다면 해당 범위 내에서는 자신의
보너스를 최대화하기 위하여 순이익을 증가시킨다고 하였다. 반
면, 순이익의 하한보다 작은 경우에는 다음 회계기간의 순이익을
증가시켜 자신의 보너스를 증가시키기 위하여 순이익을 당기에는
더욱 하락시킨다고 하였다. 순이익이 상한보다 큰 경우에도 다음
회계기간의 순이익을 증가시키기 위하여 순이익을 하락시키는 조

30) S. Matsunaga, C. Park, "The Effect of Missing a Quarterly Earnings
Benchmark on the CEO's Annual Bonus", *The Accounting Review*
76(July), 2001, pp.313-332.

31) P. Healy, "The Effect of Bonus Schemes on Accounting Decisions",
Journal of Accounting and Economics 7(April), 1985, pp.85-107.

정을 하게 된다는 것이다. 이러한 회계처리방법의 선택을 통하여
경영자는 자신의 보상을 최대화한다고 하였다.

법인세를 최소화하기 위한 이익조정 동기에 대해 Harris(1993)
는 미국의 1986년 개정 세법에 따른 법인세율의 감소가 미국 내
다국적 기업의 순이익에 미치는 영향을 분석하였다.[32] 분석 결과
기업들이 외국에서 미국으로 순이익을 이전시킴으로써 법인세율
감소를 효과적으로 이용한다고 보고하였다. 이와 유사하게 Scholes
et al.(1992)은 미국의 1986년 개정 세법에 의거한 법인세율의 변
화가 점차적으로 도입, 운용됨에 따라 잠정적으로 상이한 세율의
적용을 받게 되는 기업들의 반응을 분석하였다.[33] 실증분석 결과
기업들은 감소된 법인세율의 적용 시기를 전후하여 비용이나 수
익을 가속 또는 이연 인식하는 것으로 나타났다.

국내 연구자로 백원선·최관(1999)은 법인세 최소화 동기에 의
한 이익조정을 분석한 결과 법인세 부담이 클 것으로 예상되는
기업은 그렇지 않은 기업에 비해 이익을 낮추는 방향으로 이익조
정을 하는 것으로 나타났다.[34] 법인세 부담과 기타 계약변수들을
동시에 고려한 경우에도 재량적 발생액과 법인세 부담은 음의 관
계를 갖는 것으로 나타나, 법인세 부담이 클 것으로 예상되는 기

---

32) D. G. Harris, "The Impact of U.S Tax Law Revision on Multinational
    Corporations' Capital Location and Income-Shifting Decision", *Journal
    of Accounting Research* 31(Supplement), 1993, pp.111-140.

33) M. S. Scholes, G. P. Wilson and M. A. Wolfson, "A Firm's Responses to
    Anticipated Reductions in Tax Rates: The Tax Reform Act of 1986",
    Journal of Accounting Research 30(Supplement), 1992, pp.161-185.

34) 백원선·최관, "이익조정과 법인세최소화 동기", 회계학연구 제24권 제1
    호, 1999, pp.115-139.

업이 이익을 낮추어 법인세 부담을 줄이는 쪽으로 이익조정을 행하고 있는 것으로 나타났다.

고종권(2001)은 1990년 말 이루어진 세율인하와 최저한세 도입이라는 세법변경을 계기로 세율인하와 최저한세 납부가능성 및 세무계획의 적극성이 세법개정 이전과 이후 연도에 경영자의 이익조정 행위에 미치는 영향을 분석하였다.[35] 실증분석 결과 세율인하를 계기로 경영자들은 재량적 발생액을 이용하여 세율인하 예상시점인 1990년에 이익을 낮추고 세율인하 기간으로 이익을 이연하는 것으로 나타났다. 또한 최저한세 납부가능성이 높은 기업일수록 이익을 감소시키는 방향으로 재량적 발생액을 이용하는 것으로 나타났으며, 적극적인 세무계획기업들도 세법 변경 이후연도에 이익을 감소시키는 방향으로 재량적 발생액을 이용하는 것으로 나타났다. 반면, 박춘래·김성민(1996)은 기업이 법인세율 변화와 관계없이 당기순이익을 유연화하기 위해 이익조정을 하며 이러한 조정이 주로 수익발생항목을 통하여 이루어지고 있다고 하였다.[36]

이 밖에도 신규상장기업일 경우, 유상증자를 했을 경우, 감리지적을 받았을 경우 및 이익의 증감이 큰 경우 등에 있어서 이익조정을 하는지에 관한 연구들이 있다. 신규상장기업의 이익조정에 대한 연구로 최관·김문철(1997)은 1987년부터 1991년까지 기업을 공개한 231개의 기업에 대해 수정 Jones모형을 이용하여 분석한 결과, 신규상장기업은 상장 전 기간에는 이익조정을 하지 않고 상장연도

---

35) 고종권, "세율인하 및 최저한세와 이익조정", <u>세무학연구</u> 제18권 제2호, 2001, pp.167-200.

36) 박춘래·김성민, "법인세율 인하와 이익관리", <u>회계학연구</u> 제21권 제4호, 1996, pp.143-176.

와 상장직후연도에 이익을 증가시키는 것으로 나타났다.[37]

유상증자기업의 이익조정에 대한 연구로 최관·백원선(1999)은 1991년부터 1995년까지 유상증자를 실시한 236개 기업을 대상으로 유상증자 2년 전부터 2년 후까지 이익조정 여부를 수정 Jones모형과 Rangan모형을 이용하여 분석하였다.[38] 분석 결과 재량적 발생액은 유상증자연도까지 증가하다가 유상증자연도에 최대치가 되고 그 이후에는 감소하는 추세로 나타났다. 즉, 유상증자연도에 이익을 상향조정하는 것으로 나타났다. 윤순석·이건열(2001)도 유상증자기업의 이익조정에 대해 분석하였는데, 분석 결과 유상증자 전년도와 실시년도의 보고이익을 높이는 것으로 나타났다.[39]

감리지적기업의 이익조정에 대한 연구로 최관·백원선(1998)은 일반감리에서 이익조작 사유로 지적된 기업들의 특징에 대해 재량적 발생액을 이용하여 분석하였다.[40] 분석 결과 재량적 발생액이 큰 기업일수록 이익조정기업으로 나타났다.

이익의 증감에 따라 이익조정을 하는지에 대한 연구로 나종길(1996)은 이익이 극심하게 증가한 경우 기업은 이익의 변화를 감소시키기 위해 재량적 발생액을 이용하여 이익을 감소시킨다고 하였다.[41] 또한 이익이 극심하게 감소할 경우에도 이익을 줄이는

---

37) 최관·김문철, "신규상장기업의 이익조정에 관한 실증적 연구", 회계학연구 제22권 제2호, 1997, pp.1-27.

38) 최관·백원선, "유상증자기업의 이익조정에 관한 실증적 연구", 회계학연구 제24권 제4호, 1999, pp.1-27.

39) 윤순석·이건열, "유상증자기업의 이익조정", 회계학연구 제26권 제4호, 2001, pp.1-25.

40) 최관·백원선, "감리지적기업의 이익조작에 관한 실증 연구", 회계학연구 제23권 제2호, 1998, pp.133-161.

현상이 있음을 보여주었다.

　이익조정 동기에 관한 선행연구 검토 결과 경영자가 이익을 조정하는 동기에 관한 가설은 법인세 최소화 가설, 부채계약 가설, 정치적 비용가설, 경영자 보상가설 등이 있었다. 이외에도 특정사건에 따른 경영자의 이익조정으로는 유상증자, 감리지적, 신규상장 등이 있었다. 또한 이익조정을 측정함에 있어서 대부분의 선행연구들은 재량적 발생액을 이용하여 경영자의 이익조정을 측정하였다. 특히 Jones(1991)가 재량적 발생액을 측정하는 모형을 제시한 후 이익조정에 관한 연구가 활발한 것으로 나타났다. Gaver et al.(1995)과 Hothausen et al.(1995)도 이익조정 측정치로서 재량적 발생액을 이용하였다.[42][43]

3. 이익조정 감소에 관한 연구

　지금까지 이익조정에 대한 대부분의 연구들이 어떤 동기에 의해서 경영자들이 이익조정을 하는지에 대한 연구들이었다. 즉, 법인세를 최소화하기 위해시, 부채계약 비용을 줄이기 위해서, 정치적 부담을 줄이기 위해서, 경영자 자신의 보상을 최대화하기 위해서

---

41) 나종길, "이익조작에 대한 경영자보상가설과 이익유연화 가설의 비교", 회계학연구 제21권 제4호, 1996, pp.47-66.

42) J. L. Gaver, Gaver and J. Justin, "Additional Evidence on the Association between Income Management and a Earnings-Based Bonus Plans", *Journal of Accounting and Economics* January, 1995, pp.3-28.

43) R. D. Holthausen, R. Larker and Sloan, "Annual Bonus Schemes and the Manipulation of Earnings", *Journal of Accounting and Economics* January, 1995, pp.29-74.

및 자금조달을 원활히 하기 위해서 경영자가 이익을 조정한다는 것이다. 이러한 이익조정은 분명 기업과 이해관계가 얽혀있는 주주나 채권자들에게는 손실을 가져오며, 회계정보이용자들에게는 신뢰성이 저하된 정보를 제공하는 데도 불구하고 이러한 경영자의 이익조정행위를 감소시킬 수 있는지에 대한 연구는 극히 드물다. 이러한 측면에서 이상철·이경태(2003)는 감사위원회 도입을 통해 내부통제를 강화함으로써 경영자의 이익조정을 감소시킬 수 있는지에 대해 분석함으로써 이익조정에 대한 새로운 연구 방향을 제시했다는 데에 의의가 있다.[44)]

이상철·이경태(2003)는 경영자에 대한 내부 감시 및 통제와 내부통제구조에 대한 감시를 통하여 재무제표의 투명성을 향상시키는 데 도움을 줄 수 있는 장치로 감사위원회를 들었다. 즉, 감사위원회는 독립적인 입장에서 경영진을 감독하여 회계정보의 신뢰성과 투명성을 향상시킬 수 있는 독립적이고 공식적인 기관으로 보았다. 이상철·이경태(2003)는 이러한 감사위원회 도입으로 인한 경영자의 이익조정 감소 효과에 대해 재량적 발생액을 이용하여 분석하였다. 수정 Jones모형을 이용하여 산출한 재량적 발생액과 감사위원회 도입과의 관계를 분석한 결과, 감사위원회의 독립성이 높을수록 재량적 발생액이 감소하는 것으로 나타났다.

이러한 결과는 감사위원회의 주된 업무가 재무보고의 정확성 검토, 내부통제시스템 평가 등이므로, 독립성이 높을수록 경영자의 이익조정이 감소한다는 것을 의미한다. 즉, 감사위원회의 도입

---

44) 이상철·이경태, "감사위원회 도입이 이익조정에 미치는 영향", 회계학연구 제28권 제3호, 2003, pp.143-172.

으로 인해 내부통제가 강화되고, 강화된 내부통제로 인해 경영자의 이익조정이 감소한다는 것을 의미한다.

4. 선행연구 결과의 종합

지금까지 ERP 시스템의 도입 성과에 관한 연구, 이익조정 동기에 대한 연구, 이익조정 감소에 대한 연구들을 살펴보았다. ERP 시스템의 특징은 자료의 실시간 입력 및 표준화된 각 모듈들과의 연계를 통해 정확성이 제고되며, 조정이 어려워 효율적인 경영관리가 가능하다는 것이다. 즉, 어느 한 곳에서 조정이 가해졌을 경우 통합적으로 운영되는 특징으로 인해 ERP 시스템 전체에 영향을 미치게 된다는 것이다.

ERP 시스템 도입 성과 중 재무성과를 살펴보면 매출채권 회수기간 단축, 재고자산 회전율 증가 등이 나타났다. 이러한 ERP 시스템 도입 성과는 경영자의 이익조정 가능성을 감소시켜 이익조정 측정치인 재량적 발생액이 감소될 것으로 판단된다. 또한 ERP 시스템으로부터 생성되는 정보는 정확성, 명확성, 직시성, 상세성, 일치성 등이 증가하여 ERP 시스템 도입으로 인해 효율적인 경영관리가 가능한 것으로 나타났다. 이러한 ERP 시스템의 도입효과는 기업의 업무 프로세스를 전사적으로 관리함으로써 경영투명성을 가져오며, 그러한 결과로 기업의 경영성과에 영향을 미치는 것으로 나타났다.

이외에도 ERP 시스템 도입 효과를 분석한 연구를 보면 원가절감, 수익성, 성장성 등에 유의한 영향을 미치고 있다고 하였다.

또한 ERP 시스템의 도입은 기업의 수익성에 양의 영향을 미칠 것으로 예측하여 시장에서 긍정적으로 받아들이고 있는 것으로 나타났다. 이러한 ERP 시스템의 도입 성과는 조직의 특성 및 도입 요인과도 유의적인 관계에 있는 것으로 나타났다.

이익조정에 관한 선행연구를 살펴본 결과 법인세 최소화가설, 부채계약가설, 정치적 비용가설 및 경영자보상가설 등에 의해 경영자는 이익을 조정할 유인을 갖고 있었다. 또한 특정 사건으로 인해 이익조정을 하는 유인으로는 신규상장이나 유상증자 시 경영자들은 이익을 조정하는 것으로 나타났다.

대부분의 연구들이 경영자의 이익조정 동기에 대한 연구와 달리, 이상철·이경태(2003)는 이익조정 감소에 대한 연구를 하였다. 감사위원회의 도입이 이익조정에 미치는 영향을 분석하였는데, 분석 결과 감사위원회의 도입으로 인해 경영자의 이익조정이 감소된다는 결론을 제시하였다.

ERP 시스템의 가장 큰 특징은 통합성과 조정 방지 기능이 강화되어 효율적인 경영관리가 가능하다는 것이다. 이로 인한 구체적인 성과로 매출채권 회수기간이 단축되고 재고자산 회전율이 증가하는 것으로 나타났다. 이러한 ERP 시스템의 도입 성과는 경영자의 회계정보 조정 가능성을 감소시켜 이익조정이 감소할 것이다. 회계투명대상을 수상한 대부분의 기업들이 ERP 시스템을 도입하고 있다는 사실은 이러한 ERP 시스템 특징을 실증적으로 뒷받침해주고 있다. 이에 본 연구에서는 이러한 ERP 시스템 도입으로 인한 효율적인 경영관리가 경영자의 이익조정을 감소시킬 수 있는지를 분석하는 데 목적이 있다.

이익조정 동기에 대한 연구나, 이익조정을 감소시키는지에 대한 연구들 모두 이익조정 측정은 Jones(1991)가 개발한 재량적 발생액 측정 모형 및 수정된 모형을 이용하고 있었다. 이에 본 연구에서도 ERP 시스템 도입이 이익조정에 미치는 영향을 분석하기 위해 선행연구에서와 같이 재량적 발생액을 이용하여 실증적 연구 설계를 하였다. 단, 재량적 발생액의 측정은 좀더 정밀하게 측정하기 위해 CFO모형, Rangan모형, 시계열 수정 Jones모형 및 횡단면 수정 Jones모형을 이용하였다.

Chapter 3 실증연구의 설계

제1절 연구가설의 설정

본 연구의 목적은 ERP 시스템 도입이 이익조정에 미치는 영향을 분석하는 것이다. 제Ⅱ장에서 살펴본 바와 같이 경영자는 법인세 최소화가설, 부채계약 가설, 정치적 비용가설, 경영자 보상가설 등의 동기에 의해 이익을 조정할 유인을 갖고 있으며, 매출채권 및 재고자산 등을 이용하여 이익을 조정한다.

반면, ERP 시스템은 기업의 업무 프로세스를 전사적으로 전산관리함으로써 효율적인 경영관리가 가능해져 매출채권 회수기간 단축, 재고자산 회전율 증가 등을 가져와 경영자가 이들 계정을 통한 이익조정을 할 가능성을 감소시킨다. 즉, ERP 시스템 도입으로 인해 경영자의 이익조정이 감소할 것으로 판단된다. (그림 4)는 ERP 시스템 도입이 이익조정에 대해 미치는 영향을 나타낸 것이다.

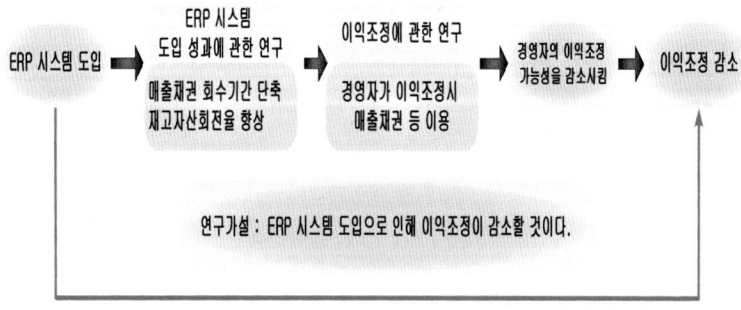

(그림 4) ERP 시스템 도입과 이익조정과의 관계

나영·장지인·박문기(2000)는 ERP 시스템 도입으로 인해 효율적인 경영관리가 가능해져 매출채권 회수기간이 향상된다고 하였다. 또한 적정한 재고자산을 관리함으로써 재고자산의 품질과 기능을 적시에 파악하여 재고자산의 진부화를 방지하고 효율적인 생산, 판매활동 등을 통해 재고자산 회전율을 향상시킨다고 하였다. 공두진(2002)도 ERP 시스템의 도입효과에 대해 연구한 결과 재고자산 회전율이 향상된다고 하였다.

이러한 ERP 시스템 도입효과 중 매출채권 회수기간 단축, 재고자산 회전율의 증가는 경영자가 이들 계정을 통한 이익조정을 할 가능성을 감소시켜 궁극적으로 재량적 발생액이 감소될 것으로 판단된다. 이에 본 연구에서는 ERP 시스템 도입으로 인해 경영자의 이익조정이 감소될 것으로 판단되어 다음과 같은 가설을 설정하였다.

가설: ERP 시스템 도입으로 인해 이익조정이 감소할 것이다.

대부분의 선행연구에서 이익조정 측정은 재량적 발생액을 이용하고 있었다. 재량적 발생액의 측정은 선행연구에서 횡단면 수정 Jones모형을 이용하고 있었으며, 시계열 수정 Jones모형과 Rangan모형은 최관·백원선(1999)의 연구에서 사용하고 있었다. 최근 재량적 발생액 측정모형은 Jones모형 이후 측정상의 단점을 보완하기 위하여 수정 Jones모형, CFO모형 및 Rangan모형이 이용되고 있다. 이에 본 연구에서는 재량적 발생액을 정교하게 측정하기 위해 최근에 발표된 CFO모형과 Rangan모형 외에 시계열 수

정 Jones모형과 횡단면 수정 Jones모형을 이용하여 재량적 발생
액을 측정하도록 한다.

제2절 연구모형 및 변수의 정의

ERP 시스템 도입으로 인해 매출채권 회수기간 단축, 재고자산
회전율 증가 등으로 인해 경영자의 회계정보의 조정 가능성이 감
소함에 따라 재량적 발생액이 감소하는지를 분석하는 것이 본 연
구의 목적이다. 이익조정에 관한 선행연구에서와 같이 이익조정
을 보다 정확하게 측정할 수 있을 것으로 기대되는 기업의 재량
적 발생을 이용하여 이익조정을 측정하였다. 이러한 분석 방법은
대부분의 선행연구들에서 사용된 방법을 종합한 것이다.

ERP 시스템과 이익조정 감소와의 관계를 검증하기 위해
Model 1과 같은 회귀모형식을 이용한다. Model 1에서 종속변수
는 재량적 발생액(CFO모형, Rangan모형, 시계열 수정 Jones모형
및 횡단면 수정 Jones모형에서 산출된 재량적 발생액)이고, 종속
변수에 영향을 미칠 것으로 예상되는 일정 변수를 통제한 후
ERP 시스템 도입이 이익조정에 미치는 영향을 분석하고자 한다.

$$\text{Model 1: } DA_i = \alpha_0 + \beta_1 ERP_i + \beta_2 TSA_i + \beta_3 LEV_i + \beta_4 SIZE_i + \beta_5 OWN_i + \beta_6 PCI_i + \beta_7 LOSS_i + \beta_8 OPIN_i + \mu_i$$

여기에서 사용된 각 변수들은 다음과 같다.

DA_i: i기업의 재량적 발생액(CFO모형, Rangan모형, 시계열 수
정 Jones모형 및 횡단면 수정 Jones모형에서 산출된 재량
적 발생액)

ERP_i: i기업의 ERP 시스템 도입 전은 0, 도입 후는 1

※ ERP 도입연도는 나영·장지인·박문기(2000), 김경
규·박석원(1997) 등의 연구를 토대로 도입전년도에
포함하였음.

TSA_i: i기업의 조세혜택 측정치

LEV_i: i기업의 부채비율로 기말총자산 대비 총부채로 구함

$SIZE_i$: i기업의 기말총자산에 자연로그를 취하여 구함

OWN_i: i기업의 대주주 1인 지분률

PCI_i: i기업이 유상증자를 했으면 1이고, 그렇지 않으면 0

$LOSS_i$: 전년도의 i기업이 순손실을 보고한 기업이면 0이고, 그
렇지 않으면 1

$OPIN_i$: i기업의 감사의견이 적정의견이면 1이고, 그렇지 않으면 0

μ : 잔차항

위 모형식에서 주된 관심변수는 ERP 변수이다. ERP 변수는
ERP 시스템 도입 전후를 나타내는 더미변수이다. 본 연구의 모형
에서 사용된 통제변수는 선행연구들에서 이용된 변수들과 기타 회
계발생 특히 재량적 발생액에 영향을 미칠 것으로 예상되는 변수
들을 선정하였다. 선정된 변수로는 조세혜택 측정치, 부채비율, 기
업규모, 대주주1인 지분률, 유상증자, 전년도손실 및 감사의견이다.

ERP 시스템 도입으로 인해 성과가 나타나는 과정을 약술하면 다음과 같다. 먼저 기업에서 도입된 ERP 시스템을 이용하는 사용자는 정형화된 프로그램이 요구하는 정보를 입력하고 ERP 시스템은 이를 다른 모듈과의 상호연계처리를 통해 데이터베이스로 구축된다. 김경규·박석원(1997)은 이러한 일련의 과정 속에서 성과를 측정하는 가장 이상적인 시점은 정보 입력의 결과가 알려진 후라고 하였다.[45)46)]

본 연구에서는 2004년 현재 제공되고 있는 KIS-FAS와 TS-2000의 재무자료를 이용하기 위해 2002년까지 도입한 기업을 대상으로 도입시점을 파악하였다.[47)] 단 도입연도는 ERP 시스템 도입 성과를 측정한 나영·장지인·박문기(2000)의 연구에서와 같이 도입전년도로 분류하였다. ERP 변수의 회귀계수 방향은 나영·장지인·박문기(2000)의 연구에서와 같이 ERP 시스템 도입 1년 후부터 매출채권 회수기간 단축 및 재고자산 회전율 증가 등이 예상되어 재량적 발생액에 대한 ERP 변수의 회귀계수 방향은 음의 방향을 보일 것으로 예측하였다.

TSA 변수는 조세혜택 측정치로서 Lopez et al.(1998) 및 고종권

---

45) 김경규·박석원, "정보시스템 사용자 만족에 관한 실증 연구", 경영학연구 제26권 제1호, 1997, pp.93-113.

46) ERP 시스템의 도입효과에 대한 기사를 보면 다음과 같다.
'소비재 생산업체인 애경산업은 1년 전 ERP 시스템 도입을 통해 생산 및 자재관리 모듈을 활용 재고를 제로화했다.', 한국경제신문, 1998. 6. 8.

47) ERP 시스템 도입 기업을 2002년까지로 한 이유는 2003년 및 2004년은 도입 후의 이익조정을 측정할 수 없기 때문이다. 즉, 2003년은 도입 후 1년째인 2004년의 재무자료를 이용할 수 없으며, 2004년은 도입연도 및 도입 후 연도를 이용할 수 없어 표본에서 제외하였다.

(2001)에서 사용된 방법을 이용하였다.[48] Lopez et al.(1998)은 Wilkie (1992)가 제시한 바 있는 조세혜택 측정치를 사용하여 조세혜택이 클 것으로 예상되는 기업을 공격적인 세무계획기업으로 보았고, 이들 기업의 이익조정 행태는 세율인하 직전연도에 있어 조세혜택이 적은 기업들보다 법인세 최소화 행위가 더욱 강화될 것으로 보고하였다.[49] Lopez et al.(1998)이 분석에서 사용한 조세혜택 측정치를 1993년도의 경우를 예로 들어 계산하면 다음과 같다.

$$TSA_{1993} = \sum_{1990}^{1992} \{[(\text{세전이익} \times \text{실제법정세율}) - \text{법인세 등}] \div 3\}/\text{총자산}_{1992} \quad \cdots\cdots \text{식}(1)$$

여기서, TSA_{1993} = i기업의 1993년 조세혜택 측정치

식(1)에서 실제 법정세율은 김갑순(1998)에서 제시한 방법에 따라 연도별 실제 최고세율을 이용하여 측정한다.[50][51] 위의 식(1)에서 1993년도의 조세혜택(TSA) 측정치는 1990년부터 1992년까지의 조세혜택을 1992년도의 총자산으로 나눈 값으로 직전연도

---

48) T. Lopez, P. Regier and T. Lee, "Identifying Tax-Induced Earnings around TRA 86 as a Function of Prior Tax-Aggressive Behavior", *Journal of the American Taxation Association* 20, 1998, pp.37-56.

49) P. J. Wilkie, "Empirical Evidence of Implicit Taxes in the Corporate Sector", *Journal of American Taxation Association* 14(Spring), 1992, pp.97-116.

50) 김갑순, "세법상 기업조세혜택규정의 효과에 관한 연구", 세무학연구 제1권 창간호, 1998. pp.253-280.

51) 연도별 실제 법정세율은 1991년부터 1993년까지는 36.5%, 1994년에는 36.4%, 1995년에는 34.25%, 1996년 이후에는 30.8%이다.

과거 3년간 평균조세혜택비율을 의미한다. 이 TSA가 큰 기업일수록 조세혜택을 많이 받는 기업이고 반대로 TSA가 작은 기업일수록 조세혜택을 적게 받는 기업이다. TSA는 다른 변수와 동일한 기준을 적용하여 표준화하기 위하여 기초 총자산으로 표준화하여 측정하였다. TSA의 회귀계수 방향은 선행연구에서와 법인세 최소화 가설에 의해 양의 방향을 보일 것으로 예측하였다.

LEV 변수는 부채비율로서 총부채를 기초총자산으로 나누어 측정하였다. DeFond and Jiambalvo(1994)는 부채계약가설에 의해 부채비율이 높은 기업일수록 재량적 발생액을 증가시킬 유인이 있음을 보고하였으며, 본 연구는 이를 통제할 목적에서 모형식에 포함하였다. LEV 변수의 회귀계수 방향은 부채계약가설에 의해 양의 방향을 보일 것으로 예측하였다.

SIZE 변수는 기초총자산에 자연로그를 취하여 구하였다. 기업규모 변수는 기존 선행연구(Jones 1991, 최관·백원선 1999 등)에서 재량적 발생액과 유의한 관계가 있는 것으로 분석되어 본 연구에서 이를 통제할 목적으로 모형식에 포함하였다. Jones(1991)는 재량적 발생액에 대해 기업규모는 음의 유의한 관계가 있다고 하였으며, 최관·백원선(1999)의 연구에서도 음의 유의한 관계를 나타내고 있다. 이에 기업규모는 재량적 발생액과 음의 관계에 있을 것으로 예측하였다.

OWN 변수는 대주주 1인 지분률을 나타내는 변수로 경영자 보상가설에 의해 재량적 발생액과 유의한 음의 관계가 있는 것으로 분석되어 본 연구에서 이를 통제할 목적으로 모형식에 포함하였다(Matsunaga and Park 2001). PCI 변수는 유상증자 유무를 나타내

는 변수로서 유상증자와 재량적 발생액은 유의한 양의 관계가 있
는 것으로 분석되어 본 연구에서 이를 통제할 목적으로 모형식에
포함하였다(윤순석·이건열 2001, 최관·백원선 1999). LOSS 변수
는 전년도에 순손실을 보고한 기업이면 0이고, 그렇지 않으면 1인
더미변수이다. 이 변수는 전연도의 경영성과를 통제할 목적에서
변수로 추가하였다. LOSS 변수는 기업의 회계발생 측정치의 측정
오차가 대부분 기업의 경영성과와 밀접하게 관련되어 있기 때문에
(Chung and Kallapur 2003; Kasznik 1999, Dechow et al. 1996 등)
이를 통제할 필요성에서 모형에 추가된 것이다. OPIN 변수는 감
사의견이 적정의견이면 1이고, 그렇지 않으면 0인 더미변수이다.
적정의견과 그렇지 않은 의견을 받은 피감사회사 간에는 재량적
발생액에 차이가 있을 것으로 예상되어 모형식에 통제변수로 추가
하였다(Bartov et al. 2001).[52] OWN, PCI, LOSS 및 OPIN 변수의
회귀계수 방향에 대해서는 선행연구에서 결과가 일치하지 않아 방
향을 예측하지 않았다.

제3절 재량적 발생액의 측정

이익관리수단의 하나로 선행연구들(Shivakumar 1999; Rangan
1998; Dechow et al. 1995; Jones 1991 등)에서 많이 이용되고 있는

---

52) E., F. Bartov, Gul, and J. Tsui, "Discretionary Accruals Models and
   Audit Qualifications", *Journal of Accounting Economics* 30, 2001,
   pp.99-126.

재량적 발생액(discretionary accruals)을 본 연구에서는 이익조정 측정치로 이용하였다. 재량적 발생액의 측정은 Shivakumar(1999)가 현금흐름의 변화를 고려하여 재량적 발생액을 산출한 CFO모형, Rangan(1998)이 유동발생액만을 이용하여 재량적 발생액을 측정한 Rangan모형, Dechow et al.(1995)이 Jones모형에 매출채권 변화분을 반영한 수정 Jones모형을 이용하였다. 수정 Jones모형에 대해서는 시계열 및 횡단면으로 적용하였다. 즉, 본 연구에서 재량적 발생액 측정은 CFO모형, Rangan모형, 시계열 수정 Jones모형 및 횡단면 수정 Jones모형을 이용하였다.

1. 발생액의 정의

발생액의 정의는 다양하다. 발생액을 넓은 의미에서 회계순이익과 영업활동으로 인한 현금흐름의 차이로 본다면 발생액은 고정자산처분익 등과 같은 재무 및 투자활동으로 인한 손익을 포함한다. 그러나 많은 선행연구는 발생액에 재무 및 투자활동으로 인한 손익을 포함하지 않고 있다. 이에 대한 이유는 분명하지 않으나 미국의 경우 재무 및 투자활동으로 인한 손익의 상세한 내용이 Compustat에 보고되지 않고 있어 연구자가 자료를 쉽게 얻을 수 없다는 실제적인 이유에 기인하거나 또는 이들은 순수한 의미의 발생액과는 다르다는 인식에 기인한 것으로 보인다. 한편, 김권중 등(1998)은 순이익을 영업활동으로 인한 현금흐름, 발생액, 재무 및 투자활동으로 인한 손익항목의 합으로 분류하여 발생액과 손익항목을 명시적으로 구분하고 있다.[53] 이러한 구분은 이들의 성격이 상이하다는 인식을 강조하고 있는 것으로 보이며 우리나라의 경우 미국과는 다르게 KIS-FAS가 손익항목을 독립적으로 계산할 수 있는 기초 자료를 포함하고 있어 이들을 분리하는 것이 실제적으로도 의미를 갖는다.

본 연구에서 발생액의 기대모형으로 고려하고 있는 CFO모형, Rangan모형, 수정 Jones모형은 발생액의 정의에 재무 및 투자활동으로 인한 손익항목을 포함하지 않고 있다. 본 연구에서는 이들과 일관성을 유지한다는 측면과 순수한 의미의 발생액과 재무 및 투자활동으로 인한 손익은 다르다는 측면을 동시에 고려하여 발생액을 McNichols(2000)와 배길수(1999)의 연구를 토대로 측정하였다.[54][55] 이 방법은 기본적으로 발생액을 Jones 등의 정의와 유사한 방법으로 추정하고 있으나 KIS-FAS의 기초 자료가 상세하므로 보다 정확한 발생액의 측정을 가능하게 한다는 장점이 있다. 구체적으로 본 연구에서 사용한 발생액의 정의는 다음과 같다.[56]

$$OA_t = 매출채권(장 \cdot 단기) + 재고자산 + 선급금(장 \cdot 단기)$$
$$+ 선급비용(장 \cdot 단기) + 미수수익$$
$$OL_t = 매입채무(장 \cdot 단기) + 선수금(장 \cdot 단기) + 미지급비용$$

---

53) 김권중 · 김문철 · 전중열, "신규 공개기업의 이익조정과 내부자거래", <u>한국증권학회 발표 논문집</u>, 2001.

54) F. McNichols, "Research Design Issues in Earnings Management Studies", *Jornal of Accounting and Public Policy* 19, 2000, pp.313-345.

55) 배길수, "발생액 예측모형과 각 모형의 예측오차 비교", <u>회계학연구</u> 제24권 제2호, 1999, pp.29-50.

56) 발생액을 본 연구에서 정의한 것에 마이너스를 붙여 정의해도 시계열 분석에는 차이가 없으며 다만 현금흐름을 계산할 때 발생액을 빼는 것이 아니고 차감하여야 한다는 것만이 차이이다.

$$（장 \cdot 단기）+미지급법인세+선수수익$$

$$NCA_t = 비유동발생액 = 유형자산감가상각비 + 무형자산상각비$$

$$\varDelta OA_t = OA_t - OA_t - 1$$

$$\varDelta OL_t = OL_t - OL_t - 1$$

$$CA = 유동발생액 = \varDelta OA_t - \varDelta OL_t$$

$$AC_t = 총발생액 = 유동발생액 + 비유동발생액 = CA - NCA$$

2. 재량적 발생액의 측정

일반적으로 재량적 발생액은 발생액에서 비재량적 발생액의 추정치를 차감하여 계산되므로 재량적 발생액의 정확성은 비재량적 발생액을 얼마나 정확하게 측정하였는가에 달려 있다. 이익조정 연구에서 이익조정 여부의 검증은 재량적 발생액의 통계적 유의성으로 판단하므로 비재량적 발생액을 정확히 추정하는 작업은 매우 중요하다.

지금까지 이익조정과 관련된 대부분의 선행연구들에서는 이익조정 측정치의 대용치인 재량적 발생액을 측정하기 위해 횡단면 수정 Jones모형을 이용하고 있었다. 본 연구에서는 보다 정밀한 재량적 발생액을 측정하고자 횡단면 수정 Jones모형 이외에 CFO모형, Rangan모형 및 시계열 수정 Jones모형을 이용하였다.

본 연구에서는 1984년에서 2003년 사이의 재무제표자료를 이용하여 1984년부터 2002년까지를 비재량적 발생액(NDA)의 추정기간으로 하였고, 1995년부터 2003년까지를 재량적 발생액(DA)의 검증기간으로 하였다.[57] 재무자료 중 분석에 이용된 연도는 1984

년부터 2002년까지 19년간이고, 산업별 분류기준은 한국상장회사 협의회의 분류기준을 따랐으며, 선정된 산업은 27개 업종이었다. 이러한 절차를 거쳐 NDA를 추정한 후, 추정된 회귀계수는 검증기간의 기업을 대상으로 검증식에 적용하여 TA에서 DA와 NDA를 분리하는 방법으로 DA가 계산된다. 이러한 절차는 축차적으로 진행되어 최근 연도의 DA는 연도별 자료가 계속 통합되기 때문에 장기 시계열 자료에 의한 NDA의 산출이 가능하다.[58]

---

57) 보다 구체적으로 본 연구에서 NDA 추정 시 이용된 추정표본의 기간은 다음과 같다. 예를 들어, 2001년도의 재량적 발생(DA)을 계산할 때 필요한 비재량적 발생(NDA)의 추정은 1991년부터 2000년까지의 자료를 이용하고, 2002년의 DA를 계산할 때 필요한 NDA의 추정은 1992년부터 2001년까지의 자료를 이용한다. 이러한 절차는 축차적으로 진행되어 2003년의 DA를 계산할 때는 NDA의 추정은 1993년부터 2002년까지의 자료를 이용한다. NDA의 회귀계수를 추정할 때 NDA에 대한 안정성 가정이 전제된다. 본 연구에서는 NDA에 대한 안정성 가정을 완화시키고자 해당연도 추정기업에 대해서는 직전연도까지의 시계열 자료를 이용하여 NDA를 항상 재추정하는 방법을 이용하였다.

58) 비재량적 발생을 추정하는 데 있어 시계열모형은 개별기업의 발생조정의 추세를 분석하는 데 장점이 있지만, 상당 기간의 시계열 자료가 필요하여 추정표본 확보에 어려움을 초래할 수 있다. 이에 따른 대안으로 DeFond and Jiambalvo(1994), Subramanyam (1996) 등의 연구는 횡단면적으로 Jones모형을 추정한 바 있다. 그러나 미국의 연구들에서 이용된 산업－연도별 횡단면 회귀분석으로 비재량적 발생을 추정하는 방법을 국내연구에 적용할 경우 산업별로 표본 수가 적은 업종들이 많기 때문에 이 역시 편의 없는 추정치(unbiased estimator)를 산출하기 어렵다. 따라서 본 연구에서는 이러한 상황을 고려해서 추정방법을 시계열 자료를 이용하여 산업별로 직전연도까지 통합한 후 NDA를 추정하였다. 따라서 본 연구에서 사용한 모형은 시계열과 횡단면을 통합한 수정된 Jones모형이다. 미국과 달리 시계열자료를 이용할 경우 우리나라는 추정표본에 이용될 표본 수가 작으며, 횡단면 추정 역시 산업에 따라서는 추정표본이 작은 업종이 있어, 이러한 상황을 고려해서 회귀분석 시에 표본의 확보를 위한 방법이다. 이러한 산업별로 Panel 자료를 이용하여 NDA를 추정한 연구로는 윤순석(2001)이 있다. 본 연구에서 사용된 방법이 표본 수 확

1) CFO모형

Shivakumar(1999)는 Jones모형과 같은 이전의 모델들은 체계적인 이익 관리가 없는 것으로 평가되는 기간에도 현금흐름과 발생액 간에 음의 관계가 있다고 하였다.[59] 더욱이 Dechow et al.(1995)은 시계열 Jones모형이 극단적인 현금 흐름을 갖는 기업들에 대해서는 제대로 측정되지 않는다는 것을 보여주었다. Shivakumar(1999)는 이러한 실패 이유를 Jones모형이 현금 흐름을 통제하지 않은 데에 있다고 보았다. 이러한 Jones모형의 단점을 보완하기 위해 최근의 연구들은 Jones모형의 확장으로서 기업 운영으로부터의 현금흐름을 통합시키고 있다.[60][61][62]

Shivakumar(1999)는 Jones모형에 현금 흐름을 통제하는 변수를 추가하여 Jones모형의 단점을 보완하였다. 현금흐름을 통제하는 모형은 Shivakmnar(1996)가 개발한 모형을 이용하였다.[63]

보라는 방법론상의 문제점을 완화시켜 줄 것으로 예상한다.

59) C. Debra Jeter, Lakshmanan Shivakumar, "Cross-Section Estimation of Abnormal Accruals using Quarterly and Annual Data-Effectiveness in Detecting Event-Specific Earnings Management", *Accounting and Business Research* 29(4), 1999, pp.1-35.

60) R. Hansen, S. Sarin, "Is honesty th best policy? An Examination of Security Analyst Behavior around Seasoned Equity Offerings", working paper, Virginia Polytechnic Institute and State University, 1996.

61) L. S. Rees, R. Gore, "Studies on Recognition, Measurement, and Disclosure issues", *Journal of Accounting Research* 34, 1996, pp.157-169.

62) L. Shivakumar., "Earnings Management around Seasoned Equity Offerings", Working paper, London Business School, 1998.

63) L. Shivakumar., "Essays Related to Equity Offerings and Earnings Management", *Dissertation*, Vanderbilt University, 1996.

Shivakmnar (1996)는 산업 간 현금흐름과 발생액 간에는 비선형 관계가 있다고 하였다. 현금 흐름과 발생액 간의 이러한 관계의 가능성을 고려하기 위하여, Shivakumar(1999)는 모형에서 현금흐름이 기업들마다 서로 다를 수 있다는 것을 허용하였다. Shivakumar(1999)가 제시한 CFO모형은 식(2)와 같다.

$$E(acc_{it}/a_{it-1}) = k_0 + k_1 \Delta rev_{it}/a_{it-1} + k_2 ppe_{it}/a_{it-1} + k_3 d1_{it}^* cfo_{it}/a_{it-1}$$
$$+ k_4 d2_{it}^* cfo_{it}/a_{it-1} + k_5 d3_{it}^* cfo_{it}/a_{it-1} +$$
$$k_6 d4_{it}^* cfo_{it}/a_{it-1} + k_7 d5_{it}^* cfo_{it}/a_{it-1} + \varepsilon_{it} \cdots\cdots 식(2)$$

여기서, acc_{it} = t기의 i기업 총발생액

　　　　a_{it-1} = t기의 i기업 t-1년도 총자산

　　　　Δrev_{it} = t기의 i기업 매출액 변화

　　　　ppe_{it} = t기의 i기업 고정설비자산

　　　　$d1_{it} \sim d5_{it}$ = t기의 i기업 현금흐름 지표

　　　　cfo_{it} : t기의 i기업 영업활동으로 인한 현금흐름

식(2)에서 현금 흐름은 당기순이익에서 발생액을 차감한 것으로 정의된다. 발생액은 유동발생액과 비유동발생액으로 구분하여 계산하였다. 따라서Shivakumar(1999)가 산출한 현금흐름은 현금흐름표상의 영업활동으로 인한 현금흐름과 일치하지 않는다. 현금흐름을 당기순이익에서 발생액(유동발생액＋비유동발생액)을 차감하여 계산한 이유는 기존 발생액 측정 모형과 검증력을 비교하기 위해서이다.

$\varDelta$rev와 ppe는 Jones모형에서와 같이 매출액 변화분과 유형자산이다. d1에서 d5는 현금흐름 평가 표본 내의 기업들은 현금흐름에 따라 5분률로 나누고, 각 기업이 속하는 현금흐름을 5분률로 나타낸 지표이다.

2) Rangan모형

Jones모형이 총발생액을 이용하여 이익조정을 측정한 것과 달리 Rangan(1998)은 유동발생액만을 이용하여 이익조정을 측정하였다.[64] Rangan(1998)은 '유동발생액은 미수금과 미지급금 등의 발생액이고, 장기성 자산/부채와 연관된 이익과 비용은 비유동발생액이다'라고 정의하였다. 감가상각, 이연법인세, 사채할인발행차금상각 등은 비유동발생액의 예이다. 대부분의 이익조정 선행연구에서는 이익조정을 측정하기 위해 총발생액(유동발생액과 비유동발생액)을 이용하고 있는 것과 달리 Rangan(1998)은 유동발생액만을 대상으로 분석하였다.

Sloan(1996)은 총발생액에서 발생하는 대개의 차액은 유동발생액에 의한 것임을 보고하고 있다.[65] 예를 들어, 외상거래 미회수분과 연관된 현금수령 예정분은 판매가 이루어지는 기간의 수입으로 계상한다. 마찬가지로, 보증비용과 연관된 현금지급 예정분

---

64) Srinivasan Rangan, "Earnings Management and the Performance of Seasoned Equity Offerings", *Journal of Financial Economics* 50, 1998, pp.101-122.

65) R. Sloan, "Do Stock Prices Fully Reflect Information in Accruals and Cash Flows about Future Earnings?", *Accounting Review* 71, 1996, pp.289-315.

은 판매가 이루어지는 기간의 비용으로 계상한다. 이러한 예들이 보여주는 바와 같이, 유동발생액은 주관적 예측을 반영하며 그 결과 순이익 관리에 활용이 가능하다. 예를 들어, 기업들은 현재의 회계규칙을 위반하지 않고도 외상판매의 인식을 가속할 수 있으며 보증 비용을 과소평가할 수 있다. 그러나 발생액을 토대로 한 이익관리는 순이익을 일시적으로 증대할 뿐이며, 그 이후 기간의 조정으로 순이익은 하락하게 된다.

유동발생액은 여러 비현금 유동성 자산과 유동성 부채 계정 잔액상의 증감으로 반영된다. 위의 예에서 외상매출금 미회수분은 미수금 증가로, 그리고 보증 비용 미지급분은 유동부채의 증가로 반영한다. 따라서 일정 기간에 대한 유동발생액은 해당 기간에 대한 비현금 유동자산 상의 변화로부터 유동부채 상의 변화를 차감하여 계산한다. 이와 같은 계산과정을 정리하여 Rangan(1998)은 유동발생액의 정의를 다음과 같이 내렸다.

$$ACC_{it}/a_{it-1} = (\Delta CA_{it} - \Delta CASH_{it})/a_{it-1} - (\Delta CL_{it} - \Delta STD_{it})/a_{it-1}$$
$$\cdots\cdots 식(3)$$

여기서, ACC_{it} = t기 i기업의 총발생액

a_{it-1} = t-1기 i기업의 총자산

ΔCA = 유동자산의 변화

$\Delta CASH$ = 현금 및 단기금융상품의 변화

ΔCL = 유동부채의 변화

ΔSTD = 유동성장기부채의 변화

식(3)에서 △CL에서 △STD를 제외하였는데, 그 이유는 동 계정 상의 변화는 순이익 계산에 영향을 미치지 않기 때문이다. STD가 누락된 경우는 0으로 놓았다. 발생액을 토대로 한 이익관리 측정을 위하여 Rangan(1998)은 Jones(1991)가 최초로 제안한 사건연구방법을 활용하였다. 이 방법에 따라, 관심 사건 기간의 발생액은 재량적 구성요소와 비재량적 구성요소로 구성되는 것으로 간주하였다. 비재량적 발생액은 일정 예측 기간에 맞춘 일정한 설명 변수들을 토대로 한 발생액의 선형회귀로부터의 예측으로서 계산하였다. 사건 기간 중의 재량적 발생액은 실현된 발생액과 예측된 비재량적 발생액의 차액과 같다. 이와 같은 재량적 발생액을 토대로 한 시험통계는 이익조정의 존재에 관한 결론을 이끌어내는 데 활용하였다.

Rangan(1998)은 매출이나 비용이 증가하는 기업들은 미수금 및 재고와 같은 운전자본 항목에 대한 추가의 투자를 요하게 된다고 하였다. 따라서 발생액에 대한 성장의 효과를 측정하기 위하여, Rangan(1998)은 각 기업에 대한 사건 전 추산 기간에 대해 식(4)와 같은 회귀식을 추산하였다.

$$ACC_{it}/a_{it-1} = \beta_{0i} + \beta_{1i}\triangle REV_{it}/a_{it-1} + \beta_{2i}\triangle COGS_{it}/a \cdots\cdots 식(4)$$

여기서, ACC_{it} = t기 i기업의 총발생액

a_{it-1} = i기업의 t-1년도 총자산

$\triangle REV_{it}$ = t기의 i기업의 매출액 변화

$\triangle COGS_{it}$ = t기의 i기업의 매출원가 변화

  사건 기간의 비재량적 발생액 예측을 위하여, Rangan(1998)은
식(4)에서 매출액 변화의 값, 그리고 사건 기간에 판매된 매출원가
변화로부터의 추정된 계수를 사용하였다. Dechow et al.(1995)이
매출액 변화분에서 매출채권 변화분을 차감하여 계산한 것과 같이
Rangan (1998)도 매출액 변화분에서 매출채권 변화분을 차감하였
다. 이와 같은 조정은 비재량적 발생액으로부터 매출채권에 대한
경영자의 재량을 제거하여, 매출액을 토대로 한 이익조정의 파악
가능성을 개선하려는 의도를 담고 있다. 이와 같은 과정을 거친 후
Rangan(1998)은 사건 기간 t에 대한 재량적 발생액을 다음과 같이
정의하였다.

$$\text{DISC}_{it} = \text{ACC}_{it}/a_{it-1} - [b_{0i} + b_{1i}(\varDelta \text{REV}_{it} - \varDelta \text{REC}_{it})/a_{it-1} + b_{2i} \varDelta$$
$$\text{COGS}_{it}/a_{it-1}] \cdots\cdots \text{식}(5)$$

여기서, DISC_i = t기 i기업의 재량적 발생액
　　　　ACC_{it} = t기 i기업의 총발생액
　　　　a_{it-1} = i기업의 t-1년도 총자산
　　　　$\varDelta \text{REV}_{it}$ = t기 i기업의 매출액 변화
　　　　$\varDelta \text{REC}_{it}$ = t기 i기업의 매출채권 변화
　　　　$\varDelta \text{COGS}_{it}$ = t기 i기업의 매출원가 변화

  식(5)에서 b_{0i}, b_{1i}, b_{2i}는 식(4)로부터 추정된 계수들이며 $\varDelta$
REC_{it}는 기업 i에 대한 매출채권의 변화분이다.

3) Jones모형

Jones(1991)는 식(6)과 같이 매출액 변화(ΔREV)와 유형자산 (PPE)변화를 이용하여 비재량적 발생액을 추정하였다.

$$\frac{TACC_{i,t}}{A_{i,t-1}} = \alpha(\frac{1}{A_{i,t-1}}) + \beta(\frac{\Delta REV_{i,t}}{A_{i,t-1}}) + \delta(\frac{PPE_{i,t}}{A_{i,t-1}}) + \varepsilon_{i,t}$$

...... 식(6)

여기서, TACC$_{i,t}$=t기의 i기업 총발생액

　　　　A$_{i,t-1}$=t기의 i기업 총자산

　　　　ΔREV$_{i,t}$=t기의 i기업 매출액의 변화분

　　　　PPE$_{i,t}$=t기의 i기업 고정설비자산

$$DACC_{i,t} = \frac{TACC_{i,t}}{A_{i,t-1}} - [\ \widehat{\alpha}(\frac{1}{A_{i,t-1}}) + \widehat{\beta}(\frac{\Delta REV_{i,t}}{A_{i,t-1}}) + \widehat{\delta}(\frac{PPE_{i,t}}{A_{i,t-1}})]$$

...... 식(7)

여기서, DACC$_{i,t}$=t기의 i기업 재량적 발생액

　　　　TACC$_{i,t}$=t기의 i기업 총발생액

　　　　A$_{i,t-1}$=t기의 i기업 총자산

　　　　ΔREV$_{i,t}$=t기의 i기업 매출액의 변화분

　　　　PPE$_{i,t}$=t기의 i기업 고정설비자산

추정식 (6)에서 종속변수는 비재량적 발생액의 추정치이고 Δ REV와 PPE는 개별 기업의 영업활동과 경제적 여건 변화를 반영 하기 위하여 포함되었다. 발생액 구성요소 중에서 매출채권, 재고

자산, 매입채무 등은 기업의 영업활동 수준에 따라서 변동하게
되는데 Jones(1991)의 모형에서는 ⊿REV가 영업활동 수준을 통
제하는 역할을 한다. 감가상각비는 기업의 경제적 여건의 변화를
나타낼 수 있는데 PPE가 감가상각비의 변동을 통제하는 역할을
한다. 감가상각비가 매출액과 다르게 변화분 대신에 원 변수를
그대로 사용하는 것은 감가상각비는 총액이 발생액에 포함되기
때문이다. 식의 좌변과 우변을 총자산으로 나눈 것은 기업규모를
통제하고 회귀식의 이분산성을 감소시킬 목적이다.

그런데 Jones(1991) 모형은 ⊿REV와 PPE를 설명변수로 사용
하고 있어서 매출액과 유형자산을 이용한 이익조정의 가능성은
배제하고 있는 한계점이 있다. Dechow et al.(1995)은 Jones모형
에서 매출액이 이익조정의 수단으로 사용되지 않는다는 가정을
완화하여 재량적 발생액의 계산 시 매출액의 변화에서 신용매출
변화분을 차감하여 재량적 발생액을 추정하는 식을 수정하였
다.[66] Dechow et al.(1995)이 수정한 식은 다음과 같다.

$$DACC_{i,t} = \frac{TACC_{i,t}}{A_{i,t-1}} - [\hat{\alpha}(\frac{1}{A_{i,t-1}}) + \hat{\beta}(\frac{\Delta REV_{i,t} - \Delta AR_{i,t}}{A_{i,t-1}}) + \hat{\delta}(\frac{PPE_{i,t}}{A_{i,t-1}})]$$
⋯⋯ 식(8)

여기서, $DACC_{i,t}$ = t기의 i기업 재량적 발생액
   $TACC_{i,t}$ = t기의 i기업 총발생액
   $A_{i,t-1}$ = t-1기의 i기업 총자산
   $\Delta REV_{i,t}$ = t기의 i기업 매출액 변화분

---

66) P. Dechow, Sloan and A. Sweeney, "Detecting Earnings Management",
   The Accounting Review 70 April, 1995, pp.193-225.

$$\varDelta AR_{i,t} = t기의 \ i기업 \ 매출채권 \ 변화분$$
$$PPE_{i,t} = t기의 \ i기업 \ 고정설비자산$$

Jones(1991) 모형과 Dechow et al.(1995)에 의해 수정된 Jones 모형은 시계열 모형으로 개발되었다. 시계열 모형으로 비재량적 발생액을 추정하면 각 기업의 발생액의 움직임을 개별적으로 분석할 수 있는 장점이 있는 반면, 회귀계수가 시계열적으로 일정하다는 제약적 가정을 해야 한다. 또한 분석대상이 되는 특정 기간을 제외한 나머지 기간 동안에는 이익조정이 없다는 가정을 하여야 한다는 단점이 있다. 이러한 시계열 분석에는 상당한 기간의 시계열 자료가 필요한데 우리나라와 같이 기업 재무자료가 충분히 집적되어 있지 않은 경우에는 표본기업의 수를 충분히 확보할 수 없는 한계점도 있다. 그리고 우리나라는 급격하게 경제가 발전, 팽창하고 있기 때문에 상당한 기간의 시계열 분석에는 경제환경의 구조적 변화의 영향도 고려해야 한다.

시계열 모형의 한계점을 극복하기 위하여 수정된 Jones모형을 횡단면적으로 적용하여 재량적 발생액을 계산할 수 있다. 횡단면 분석은 시간적인 요소를 반영할 수는 없지만, 시계열 분석의 한계점을 완화시키는 외에 횡단면적으로 산업전반의 경제적 환경의 변화가 비재량적 발생액에 미치는 영향을 반영할 수 있다는 장점이 있다. 이에 본 연구에서는 재량적 발생액을 보다 정밀하게 측정하기 위하여 수정 Jones모형에 대해 시계열 및 횡단면 모두 이용하였다. 이외에 CFO모형과 Rangan모형을 이용하여 재량적 발생액을 측정하기 위해 총 네 개의 모형이 사용되었다.

제4절 표본기업의 선정

본 연구의 목적은 ERP 시스템 도입이 이익조정에 영향을 주는 가, 즉 재량적 발생액이 감소하는지를 분석하는 것이다. 이에 본 연구에서는 2004년 현재 한국증권거래소에 상장되어 있는 기업 중 다음의 다음 조건을 만족시키는 기업을 표본으로 선정하였다.

(1) 2002년까지 ERP 시스템을 도입한 기업
(2) 금융업을 제외한 기업
(3) 2004년 KIS-FAS와 TS-2000에서 재무자료를 입수할 수 있는 기업
(4) 2004년 현재 계속적으로 영업을 하고 있는 기업

조건 (1)에서 ERP 시스템 도입 기업을 2002년까지로 한정한 이유는 ERP 시스템 도입 효과를 측정하기 위해서는 제Ⅲ장에서 살펴본 바와 같이 도입한 지 최소 1년 이상 경과되어야 하기 때문이다. 조건 (2)에서 금융업을 제외한 이유는 재무제표의 양식, 계정과목의 성격 등이 일반 제조업과 상이하여 동일한 조건하에서 다른 업종의 기업들과 비교·분석이 어렵기 때문이다. 조건 (3)은 본 연구에서 이용되는 연구모형에 포함될 재무자료를 KIS-FAS와 TS-2000 데이터베이스에서 추출하였기에 필요한 사항이다. 마지막으로 조건 (4)는 ERP 시스템을 도입했다 하더라도 파산된 기업은 정확한 성과를 측정할 수 없어 제외하였다.

ERP 시스템 도입 기업을 파악하기 위해 위 조건을 만족하는 552개 기업을 대상으로 전화조사를 실시하였다. 1차 통화는 2004년 5월 10일부터 5월 13일까지 이루어졌으며, 담당자 부재 및 회의, 출장 등으로 통화를 못한 기업을 대상으로 2004년 5월 14일부터 5월 18일까지 2차 통화를 실시하였다. 이와 같은 1차 및 2차 전화조사 결과는 [표 3-1]과 같다. [표 3-1]에서 보는 바와 같이 552개 상장기업을 대상으로 전화조사를 실시한 결과 400개 기업 담당자와 통화를 하였으며, 152개 기업에 대해서는 담당자 부재, 출장 등의 사유로 인해 통화를 하지 못하였다. 통화율은 72.46%이다.

[표 3-2]는 통화 기업 중 ERP 시스템 도입 여부에 대한 결과를 나타낸 것이다. 담당자와 통화가 성공한 400개 기업 중 ERP 시스템을 도입한 기업은 185개사로 약 46%가 도입을 하고 있는 것으로 나타났다. 반면 비도입 기업은 215개사로 약 54%가 도입하지 않은 것으로 나타나 비도입 기업이 도입 기업보다 약 8% 높은 것으로 나타났다.

[표 3-3]은 ERP 시스템을 도입한 기업을 연도별로 나타낸 것이다. 가장 많이 도입한 연도는 2000년도로 35개 기업이 도입한 것으로 나타났다. 가정 적게 도입한 연도는 1997년도로 7개 기업만이 도입한 것으로 나타났다. 또한 2000년을 최고점으로 2003년까지 하락하고 있으나, 2004년 5월 현재 17개 기업이 도입한 것으로 나타나 2004년도부터 다시 증가하고 있는 것으로 나타났다.

[표 3-4]는 조사된 ERP 시스템 도입 기업 중 본 연구에서 이용할 2002년도까지 ERP 시스템 도입 기업을 산업-연도별로 나

타낸 것이다. [표 3-4]를 보면 2002년까지 ERP 시스템을 도입한
기업은 148개 기업이며, '화합물 및 화학제품제조업'이 26개로 가
장 많이 도입한 업종으로 나타났다.

[표 3-1] ERP 시스템 도입 여부 통화 결과

구 분	기 업 수	비 율
전체대상기업	552개사	100%
통화 성공 기업	400개사	72.46%
통화 실패 기업	152개사	27.54%

[표 3-2] ERP 시스템 도입 현황

구 분	기 업 수	비 율
통화성공기업	400개사	100%
ERP 시스템 도입 기업	185개사	46%
ERP 시스템 비도입 기업	215개사	54%

[표 3-3] ERP 시스템 도입 기업 연도별 현황

연 도	ERP 시스템 도입 기업	비 율
1997	9	4.86%
1998	17	9.19%
1999	24	12.97%
2000	35	18.92%
2001	32	17.30%
2002	31	16.76%
2003	20	10.81%
2004	17	9.19%
합계	185	100.00%

[표 3-4] ERP 시스템 도입 표본기업의 산업-연도별 분포

업 종	1997	1998	1999	2000	2001	2002	합계
가구 및 기타제품제조업		1		1	1		3
가죽, 가방 및 신발제조업			1				1
고무 및 플라스틱제품 제조업		1	2	4		1	8
금속광업					1		1
기타 운송장비제조업					1		1
기타, 전기기계 및 전기변환장치제조업	2				3		5
기타 기계 및 장비제조업	1		1	1	2	2	7
담배제조업							0
도매 및 상품중개업		1	4	1	2	3	11
봉제의복 및 모피제품제조업		1		1			2
비금속광물제품제조업			1		1	2	4
섬유제품제조업(봉제의류 제외)			1	1	1	1	4
소매업(자동차 제외)					1	1	2
어업				1			1
여행알선, 창고 및 운송관련서비스업							0
영화, 방송 및 공연산업							0
육상운송 및 파이프라인운송업		1		1			2
음·식료품 제조업			3	2	3	3	11
의료, 정밀, 광학기기 및 시계제조업	1			1			2
자동차 및 트레일러제조업				2	1	2	5
자동차판매 및 차량연료소매업							0
전기, 가스 및 증기업		1			1		2
전문, 과학 및 기술서비스업						1	1
전자부품, 영상, 음향 및 통신장비제조업	2	2	1	6	4	2	17
정보처리 및 기타 컴퓨터운용관련업				1	1		2
제1차 금속산업		1	3	4		1	9
조립금속제품제조업(기계 및 가구 제외)	1				1		2
종합건설업		2	2		4	3	11
출판, 인쇄 및 기록매체복제업						1	1
컴퓨터 및 사무용기기제조업	1			1		1	3
코크스, 석유정제품 및 핵연료제조업			1	1			2
통신업					1		1
펄프, 종이 및 종이제품제조업				1			1
화합물 및 화학제품제조업	1	6	4	4	4	7	26
합 계	9	17	24	35	32	31	148

'도매 및 식품중개업', '음·식료품제조업', '종합건설업' 등은 11
개 기업이 ERP 시스템을 도입한 것으로 나타났다. '전자부품, 영
상, 음향 및 통신장비제조업'은 2000년에 6개사로 가장 많이 도입
한 것으로 나타난 반면, '종합건설업'은 2001년(4개사)으로 나타
났다. 2004년 5월까지 ERP 시스템을 하나도 도입하지 않은 업종
은 '여행알선, 창고 및 운송관련서비스업'과 '영화, 방송 및 공연
산업', '담배제조업'으로 나타났다. 이러한 현상은 이들이 속한 업
종이 기업 수가 많지 않은 데에 기인한 것으로 판단된다.

[표 3-5]는 전체 552개 기업 중 전화통화를 한 400개 기업을
2002년까지 ERP 시스템을 도입한 기업과 도입하지 않은 기업으
로 나타낸 것이다. [표 3-5]에서 보는 바와 같이 400개 기업 중
148개 기업이 ERP 시스템을 도입하고 있어 37%가 도입하고 있
는 것으로 나타났다. 이는 ERP 공급회사가 파악하고 있는 38%
와 큰 차이가 없다.[67]

가장 많이 도입하고 있는 업종은 '화합물 및 화학제품제조업'인
데 통화가 된 76개 기업 중 26개 기업이 도입을 하고 있어 약
34.21%가 도입을 하고 있는 것으로 나타났다. '도매 및 상품중개
업'은 통화가 된 22개 기업 중 11개 기업이 도입을 하고 있어
50%의 도입률을 보이고 있다. '화합물 및 화학제품제조업'은 76
개 기업과 통화가 되었는데, 이 중 26개 기업만이 도입을 하고
있어 약 34%가 ERP 시스템을 도입하고 있는 것으로 나타났다.
'종합건설업'은 31개 기업과 통화를 한 결과 11개 기업이 도입을
하고 있다고 응답하여 약 35%의 도입률을 보이고 있다.

---

67) ERP 공급회사의 하나인 더존디지털웨어의 담당자와 통화한 결과 현재 우
리나라 상장사의 약 38% 정도가 ERP 시스템을 도입하고 있다고 하였다.

[표 3-5] ERP 시스템 도입 표본기업 및 비도입 기업 현황

업 종	통화기업	도입 기업	비도입	도입률
가구 및 기타제품제조업	5	3	2	60.00%
가죽, 가방 및 신발제조업	3	1	2	33.33%
고무 및 플라스틱제품 제조업	17	8	9	47.06%
금속광업	1	1	0	100.00%
기타 운송장비제조업	5	1	4	20.00%
기타, 전기기계 및 전기변환장치제조업	16	5	11	31.25%
기타 기계 및 장비제조업	18	7	11	38.89%
담배제조업	1	0	1	0.00%
도매 및 상품중개업	22	11	11	50.00%
봉제의복 및 모피제품제조업	7	2	5	28.57%
비금속광물제품제조업	15	4	11	26.67%
섬유제품제조업(봉제의류 제외)	13	4	9	30.77%
소매업(자동차 제외)	8	2	6	25.00%
어업	2	1	1	50.00%
여행알선, 창고 및 운송관련서비스업	1	0	1	0.00%
영화, 방송 및 공연산업	1	0	1	0.00%
육상운송 및 파이프라인운송업	6	2	4	33.33%
음·식료품 제조업	23	11	12	47.83%
의료, 정밀, 광학기기 및 시계제조업	3	2	1	66.67%
자동차 및 트레일러제조업	18	5	13	27.78%
자동차판매 및 차량연료소매업	1	0	1	0.00%
전기, 가스 및 증기업	8	2	6	25.00%
전문, 과학 및 기술서비스업	4	1	3	25.00%
전자부품, 영상, 음향 및 통신장비제조업	36	17	19	47.22%
정보처리 및 기타 컴퓨터운용관련업	2	2	0	100.00%
제1차 금속산업	27	9	18	33.33%
조립금속제품제조업(기계 및 가구 제외)	6	2	4	33.33%
종합건설업	31	11	20	35.48%
출판, 인쇄 및 기록매체복제업	2	1	1	50.00%
컴퓨터 및 사무용기기제조업	5	3	2	60.00%
코크스, 석유정제품 및 핵연료제조업	4	2	2	50.00%
통신업	1	1	0	100.00%
펄프, 종이 및 종이제품제조업	12	1	11	8.33%
화합물 및 화학제품제조업	76	26	50	34.21%
합 계	400	148	252	37.00%

[표 3-6] 연도별 ERP 시스템 도입 표본 기업 현황

구 분	95년	96년	97년	98년	99년	00년	01년	02년	03년
1997년 도입	-2	-1	0	1	2	3			
	9개사	9개사	9개사	9개사	9개사	9개사			
1998년 도입		-2	-1	0	1	2	3		
		17개사	17개사	17개사	17개사	17개사	17개사		
1999년 도입			-2	-1	0	1	2	3	
			24개사	24개사	24개사	24개사	24개사	24개사	
2000년 도입				-2	-1	0	1	2	3
				35개사	35개사	35개사	35개사	35개사	35개사
2001년 도입					-2	-1	0	1	2
					32개사	32개사	32개사	32개사	32개사
2002년 도입						-2	-1	0	1
						31개사	31개사	31개사	31개사
합 계	전체 년도	-2년		-1년		0년	1년	2년	3년
	794개사	148개사		148개사		148개사	148개사	117개사	85개사

주 1) 0은 도입년도, -1은 도입 전 1년, -2는 도입 전 2년을 나타냄.
1은 도입 후 1년, 2는 도입 후 2년, 3은 도입 후 3년을 나타냄.

[표 3-6]은 연도별 ERP 시스템 도입 표본 기업 현황을 나타낸 것이다. ERP 시스템 도입 연도는 나영·장지인·박문기(2000)의 연구에서와 같이 도입 성과가 나타나지 않는 관계로 도입전년도에 포함하였다. 따라서 도입 전 -2년, -1년, 0년은 도입 전으로 하고, +1년, +2년, +3년은 도입 후로 하여 도입 전후 3년을 대상으로 분석하였다.

[표 3-6]을 보면 ERP 시스템을 도입하기 전의 표본은 -2년도에 148개사, -1년도에 148개사, 0년도에 148개사이며, +1년도에는 148개사, +2년도에는 117개사, +3년도에는 85개사로 나타나 있다. +2년도와 +3년도에 표본 수가 줄어든 이유는 2001년도에

도입된 기업과, 2002년도에 도입된 기업은 2003년도까지의 재무
자료만 이용할 수 있고 2004년도 및 2005년도는 아직 재무제표가
작성되지 않았기 때문이다.

Chapter 4 실증 분석

제1절 예비 분석

1. 기술통계

본 연구에서 표본에 이용된 ERP 시스템 도입 전 -2년부터 도입 후 3년까지의 기술통계치가 [표 4-1]에 제시되어 있다. 극단치를 제거하기 위해 본 연구는 평균에서 (±)표준편차의 3배를 벗어나는 관찰치를 극단치로 보아 표본에서 제외하였다. 총 표본 794개 중 54개가 제외되어 740개가 분석에 이용되었다.[68]

[표 4-1]을 보면 총발생액은 평균이 -0.033이며 최대값은 0.296이다. 이 중 유동발생액의 평균은 0.004이며, 최소값은 -0.323이다. 비유동발생액의 평균은 0.035이며, 최대값은 0.134인 것으로 나타났다. 각 모형에서 산출된 비재량적 발생액을 보면 CFO모형에서는 평균이 -0.032이며, Rangan모형에서는 0.007인 것으로 나타나는 등 평균의 방향이 일치하지 않는 것으로 나타났다.

재량적 발생액의 평균은 모든 모형에서 음으로 나타났다. 즉, Rangan모형과 CFO모형에서는 -0.002로 나타났으며, 시계열 수정 Jones모형에서는 -0.017로 나타났다. 횡단면 수정 Jones모형에서는 평균이 -0.001로 가장 작게 나타났다.

---

68) ERP 시스템 도입시점별로 극단치로 제거된 표본 수를 살펴보면 ERP 시스템 도입 -2년 표본 148개 중 11개, -1년 표본 148개 중 12개, 0년 표본 148개 중 10개, 1년 표본 148개 중 11개, 2년 표본 117개 중 10개, 3년 표본 85개 중 3개가 제외되었다.

[표 4-1] 기술통계

변 수	최소값 (n=740)	최대값 (n=740)	평균 (n=740)	표준편차 (n=740)
TA	-0.342	0.296	-0.033	0.092
CA	-0.323	0.317	0.004	0.088
NCA	0.000	0.134	0.035	0.026
CJNDA	-0.243	0.181	-0.025	0.054
TJNDA	-0.445	0.416	-0.013	0.085
CFONDA	-0.282	0.232	-0.032	0.071
RANNDA	-0.184	0.214	0.007	0.053
CJDA	-0.312	0.338	-0.001	0.087
TJDA	-0.564	0.490	-0.017	0.130
CFODA	-0.236	0.222	-0.002	0.065
RANDA	-0.310	0.293	-0.002	0.086
TSA	-0.029	0.057	0.002	0.005
LEV	0.058	1.425	0.570	0.226
SIZE	16.605	24.056	19.492	1.465
OWN	0.000	75.800	29.625	17.491
PCI	0.000	1.000	0.437	0.495
LOSS	0.000	1.000	0.821	0.385
OPIN	0.000	1.000	0.936	0.245

주 1) 위 표에 나타난 기술통계치는 CFO모형기준이며, 평균에서 (±)표준편차
의 3배를 벗어나는 값을 가진 표본을 극단치로 보아 이를 제거한 후 계
산됨.

주 2) TA: 총발생액, CA: 유동발생액, NCA: 비유동발생액, CJNDA: 횡단면
수정 Jones모형에 의해 산출된 비재량적 발생액, TJNDA: 시계열 수정
Jones모형에 의해 산출된 비재량적 발생액, CFONDA: CFO모형에 의해
산출된 비재량적 발생액, RANNDA: Rangan모형에 의해 산출된 비재량
적 발생액, CJDA: 횡단면 수정 Jones모형에 의해 산출된 재량적 발생액,
TJDA: 시계열 수정 Jones모형에 의해 산출된 재량적 발생액, CFODA:
CFO모형에 의해 산출된 재량적 발생액, RANDA: Rangan모형에 의해
산출된 재량적 발생액, TSA: 조세혜택 측정치, LEV: 부채비율, SIZE:
기말총자산에 자연로그를 취함, OWN: 대주주 1인 지분률, PCI: 유상증
자를 했으면 1, 그렇지 않으면 0인 더미변수, LOSS: 전년도 손실이 발생
했으면 0, 그렇지 않으면 1인 더미변수, OPIN: 전년도 감사의견이 적정
의견이면 1, 그렇지 않으면 0인 더미변수.

각 모형에서 방향은 음으로 나타나 일치하지만 차이가 발생하는 이유는 비재량적 발생액 측정 방법상의 문제에 기인한 것으로 판단된다. 즉, CFO모형은 비재량적 발생액 추정 모형에 현금흐름을 통제하기 위해 각 기업의 현금흐름을 5분위로 더미화하여 모형에 추가하였다. 또한 Rangan모형은 비유동발생액을 제외하고 유동발생액만을 이용하여 비재량적 발생액을 추정하였다. 이렇게 각 모형마다 상이한 방법으로 재량적 발생액을 추정함에 따라 각 모형에서 산출된 재량적 발생액의 평균에 있어 차이를 보이고 있는 것으로 판단된다.

재량적 발생액의 평균이 가장 높은 모형은 횡단면 수정 Jones 모형(-0.001)이며, 가장 낮은 모형은 시계열 수정 Jones모형(-0.017)으로 나타났다. 최대값이 가장 큰 모형은 시계열 수정 Jones 모형(0.490)이며, 가장 작은 모형은 CFO모형(0.222)인 것으로 나타났다. 최소값은 시계열 수정 Jones모형(-0.564)이 가장 작은 것으로 나타났다.

법인세최소화 동기에 의한 이익조정을 통제하기 위한 TSA 변수는 평균값이 0.002로 나타났으며, 최소값은 -0.029로 나타났다. 부채계약가설에 의한 이익조정을 통제하기 위한 LEV 변수는 평균이 0.570이며, 최소값은 0.058로 나타났다. 정치적 비용가설에 의한 이익조정을 통제하기 위한 SIZE 변수는 평균이 19.492로 나타났으며, 최소값은 16.605로 나타났다. 경영자 보상가설에 의한 이익조정을 통제하기 위한 대주주 1인 지분률은 평균이 29.625로 나타났으며, 최대값은 75.800으로 나타났다. 또한 표본 기업 중 43.7%가 유상증자를 실시한 것으로 나타났으며, 표본기업 중

18%가 전년도에 손실이 발생한 것으로 나타났다. 표본기업의 감사의견은 93.6%가 적정의견인 것으로 나타났다.

2. 상관관계 분석

주요 변수 간 상관관계 분석 결과는 [표 4-2]와 [표 4-3]에 나타내었다. 가로는 스피어만 상관계수를 나타낸 것이고, 세로는 피어슨 상관계수를 나타낸 것이다. 각 변수 간의 상관관계를 보다 정확하게 살펴보기 위해 스피어만 상관계수와 피어슨 상관계수를 동시에 나타냈다.

피어슨 상관관계 분석 결과 TA는 CA, NCA, CJNDA, TJNDA, CFONDA, RANNDA, CJDA, TJDA, CFODA, RANDA, LEV, SIZE, LOSS 및 OPIN과 1% 유의수준에서 유의적인 상관관계를 보이고 있는 것으로 나타났다. 이 중 NCA, SIZE 및 OPIN과는 음의 관계를 보이고 있으며, 나머지 변수와는 양의 관계를 보이고 있는 것으로 나타났다. 피어슨 상관관계 분석에서도 TA는 CA, NCA, CJNDA, TJNDA, CFONDA, RANNDA, CJDA, TJDA, CFODA, RANDA, LEV, SIZE, LOSS 및 OPIN과 1% 유의수준에서 유의적인 상관관계를 보이고 있다. 방향은 스피어만 상관관계 분석에서와 같이 NCA, SIZE 및 OPIN과는 음의 관계를 보이고 있으며, 나머지 변수와는 양의 관계를 보이고 있는 것으로 나타났다.

CA는 스피어만 상관관계 분석에서 TA와 달리 NCA, TJNDA 및 LEV에 대해서 유의적인 상관관계가 발견되지 않았으며, TSA에 대해서 양의 상관관계가 있는 것으로 나타났다. 피어슨 상관관계 분석 결과에서도 CA는 NCA, TJNDA 및 LEV와 유의적인 상관관계가 발견되지 않았다. CFONDA는 모든 발생액 변수와 유의적인 상관관계에 있는 것으로 나타났으며, 통제변수 중에는 LEV, SIZE, LOSS 및 OPIN과 상관관계가 있는 것으로 나타났다. 이 중 음의 방향을 보인 변수는 NCA, CFODA, SIZE 및 OPIN이다.

[표 4-2] 주요 변수 사이의 상관관계 분석 결과(1/2)

		스피어만 상관관계 분석										
		TA	CA	NCA	CJ NDA	TJ NDA	CFO NDA	RAN NDA	CJ DA	TJ DA	CFO DA	RAN DA
	TA	1.00	0.92***	-0.25***	0.37***	0.17***	0.60***	0.29***	0.78***	0.68***	0.61***	0.75***
	CA	0.94***	1.00	0.05	0.27***	0.02	0.50***	0.30***	0.78***	0.72***	0.62***	0.81***
	NCA	-0.25***	0.03	1.00	-0.36***	-0.38***	-0.29***	0.01	-0.06	0.03	-0.03	0.04
피	CJNDA	0.38***	0.29***	-0.29***	1.00	0.16***	0.59***	0.55***	-0.13***	0.23***	-0.06	0.03
어	TJNDA	0.16***	0.05	-0.30***	0.12***	1.00	0.18***	0.01	0.08**	-0.48***	0.05	0.01
슨	CFONDA	0.65***	0.58***	-0.27***	0.58***	0.18***	1.00	0.38***	0.27***	0.34***	-0.14***	0.30***
상	RANNDA	0.34***	0.35***	-0.02	0.58***	-0.01	0.47***	1.00	0.01	0.23***	-0.01	-0.15***
관	CJDA	0.81***	0.81***	-0.08**	-0.11***	0.11***	0.34***	0.06	1.00	0.58***	0.71***	0.82***
관	TJDA	0.64***	0.68***	0.01	0.26***	-0.52***	0.35***	0.27***	0.55***	1.00	0.48***	0.61***
계	CFODA	0.62***	0.62***	-0.05	-0.06	0.05	-0.10***	-0.01	0.70***	0.44***	1.00	0.64***
분	RANDA	0.76***	0.80***	0.04	0.04	0.07	0.32***	-0.16***	0.81***	0.53***	0.66***	1.00
석	TSA	0.06	0.09**	0.12***	-0.01	-0.05	0.05	0.11***	0.08**	0.11***	0.00	0.02
	LEV	0.11***	0.12***	0.00	0.01	0.06	0.10***	0.05	0.08**	0.01	0.06	0.07**
	SIZE	-0.13***	-0.08**	-0.13***	-0.11***	-0.11***	-0.10***	-0.06	-0.09**	-0.01	-0.06	-0.04
	OWN	0.02	0.04	0.06	-0.02	-0.10***	-0.02	0.00	0.03	0.10***	0.03	0.02
	PCI	0.01	0.02	-0.03	0.05	0.05	-0.02	0.00	-0.00	-0.04	-0.02	0.05
	LOSS	0.11***	0.12***	0.07		-0.05	0.11***	0.04	0.07***	0.15***	0.06	0.14***
	OPIN	-0.10***	-0.10***	0.02	-0.06	-0.13***	0.00	-0.05	-0.06	0.03	-0.04	-0.07

주 1) TA: 총발생액, CA: 유동발생액, NCA: 비유동발생액, CJNDA: 횡단면 수정 Jones모형에 의해 산출된 비재량적 발생액, TJNDA: 시계열 수정 Jones모형에 의해 산출된 비재량적 발생액, CFONDA: CFO모형에 의해 산출된 비재량적 발생액, RANNDA: Rangan모형에 의해 산출된 비재량적 발생액, CJDA: 횡단면 수정 Jones모형에 의해 산출된 재량적 발생액, TJDA: 시계열 수정 Jones모형에 의해 산출된 재량적 발생액, CFODA: CFO모형에 의해 산출된 재량적 발생액, RANDA: Rangan모형에 의해 산출된 재량적 발생액, TSA: 조세혜택 측정치, LEV: 부채비율, SIZE: 기말총자산에 자연로그를 취함, OWN: 대주주 1인 지분률, PCI: 유상증자를 했으면 1, 그렇지 않으면 0인 더미변수, LOSS: 전년도 손실이 발생했으면 0, 그렇지 않으면 1인 더미변수, OPIN: 전년도 감사의견이 적정의견이면 1, 그렇지 않으면 0인 더미변수.
주 2) ***, **, *는 각각 1%, 5%, 10% 유의수준에서 유의함을 나타냄(양측 검증).

[표 4-3] 주요 변수 사이의 상관관계 분석 결과(2/2)

		스피어만 상관관계 분석						
		TSA	LEV	SIZE	OWN	PCI	LOSS	OPIN
피어슨 상관관계 분석	TA	0.02	0.08***	−0.14***	0.03	−0.03	0.10***	−0.10***
	CA	0.08*	0.06	−0.11***	0.06	−0.03	0.12***	−0.09**
	NCA	0.19***	0.06	−0.06	0.14***	−0.06	0.09**	0.04
	CJNDA	−0.03	−0.02	−0.14	−0.05	0.04	0.02	−0.05
	TJNDA	−0.08**	0.11***	−0.12***	−0.12***	0.09**	−0.04	−0.12***
	CFONDA	−0.01	0.08**	−0.10***	−0.04	−0.02	0.11***	−0.01
	RANNDA	0.10***	0.05	−0.09***	0.02	−0.03	0.02	−0.06
	CJDA	0.03	0.07	−0.07	0.06	−0.06	0.06	−0.05
	TJDA	0.10***	0.00	−0.05	0.09**	−0.05	0.12***	−0.01
	CFODA	0.00	0.02	−0.08**	0.05	−0.05	0.03	−0.03
	RANDA	0.01	0.04	−0.04	0.06	−0.00	0.11***	−0.05
	TSA	1.00	−0.16***	−0.11***	0.01	−0.03	0.05	−0.09***
	LEV	−0.10***	1.00	0.21***	−0.16***	0.12***	−0.05	−0.13***
	SIZE	−0.11***	0.22***	1.00	−0.08**	0.01	0.10***	0.11***
	OWN	−0.07	−0.14***	−0.09**	1.00	−0.19***	0.08**	0.16***
	PCI	−0.01	0.10***	0.05	−0.17***	1.00	0.04	−0.09**
	LOSS	0.03	−0.04	0.10***	0.09**	0.04	1.00	0.11***
	OPIN	−0.21***	−0.12***	0.10***	0.17***	−0.09**	0.11***	1.00

주 1) TA: 총발생액, CA: 유동발생액, NCA: 비유동발생액, CJNDA: 횡단면 수정 Jones모형에 의해 산출된 비재량적 발생액, TJNDA: 시계열 수정 Jones모형에 의해 산출된 비재량적 발생액, CFONDA: CFO모형에 의해 산출된 비재량적 발생액, RANNDA: Rangan모형에 의해 산출된 비재량적 발생액, CJDA: 횡단면 수정 Jones 모형에 의해 산출된 재량적 발생액, TJDA: 시계열 수정 Jones모형에 의해 산출된 재량적 발생액, CFODA: CFO모형에 의해 산출된 재량적 발생액, RANDA: Rangan모형에 의해 산출된 재량적 발생액, TSA: 조세혜택 측정치, LEV: 부채비율, SIZE: 기말총자산에 자연로그를 취함, OWN: 대주주 1인 지분률, PCI: 유상증자를 했으면 1, 그렇지 않으면 0인 더미변수, LOSS: 전년도 손실이 발생했으면 0, 그렇지 않으면 1인 더미변수, OPIN: 전년도 감사의견이 적정의견이면 1, 그렇지 않으면 0인 더미변수.

주 2) ***, **, *는 각각 1%, 5%, 10% 유의수준에서 유의함을 나타냄(양측 검증).

CFODA와 1% 유의수준에서 유의한 관계에 있는 변수는 TA, CA, CJDA 및 TJDA인 것으로 나타났다. CFODA와 CJDA 및 TJDA 간에는 양의 상관관계가 높은 것으로 나타났다. 또한 기업 규모 측정치인 SIZE도 CFODA와 양의 상관관계가 높은 것으로 나타났다. 스피어만 상관관계 분석에서는 CFODA와 TA, CA, CFONDA, CJDA, TJDA, RANDA 등이 1% 유의수준에서 상관관계가 있는 것으로 나타났다. 이 중 CFONDA와는 음의 관계에 있는 것으로 나타났으며, 나머지 변수와는 양의 관계에 있는 것으로 나타났다.

Rangan모형에 의해 산출된 재량적 발생액과 1% 유의수준에서 유의적인 상관관계를 보인 변수는 TA, CA, CFONDA, RANNDA, CJDA, TJDA, CFODA, LEV, LOSS 등이다. 이 중 음의 방향을 보인 변수는 Rangan모형으로 추정한 비재량적 발생액이며, 나머지 변수는 양의 방향을 나타내었다. LOSS는 피어슨 상관관계 분석에서 1% 유의수준에서 양의 상관관계가 있는 것으로 나타났으며, 스피어만 상관관계 분석에서도 1% 유의수준에서 양의 상관관계가 있는 것으로 나타났다.

피어슨 상관관계 분석에서 시계열 수정 Jones모형에 의해 산출된 재량적 발생액과 유의적인 상관관계를 보인 변수는 TA, CA, CJNDA, TJNDA, CFONDA, RANNDA, CJDA, CFODA, RANDA, TSA, OWN, LOSS 등이다. 이 중 TJNDA와만 음의 방향을 보이고 있으며, 나머지 변수와는 양의 유의적인 관계에 있는 것으로 나타났다.

통제변수 간의 상관관계를 살펴보면 피어슨 상관관계 분석에서는 TSA 와 LEV, SIZE 및 OPIN이 음의 유의한 상관관계를 보이고 있다. 또한 스피어만 상관관계 분석에서도 TSA와 LEV, SIZE 및 OPIN이 음의 유의한 상관관계를 보이고 있다.

부채비율을 나타내는 LEV는 통제변수 중 LOSS를 제외한 TSA, SIZE, OWN, PCI 및 OPIN과 유의한 상관관계를 보이고 있으며, 이 중 PCI와만 양의 상관관계에 있는 것으로 나타났다. SIZE는 PCI를 제외한 나머지 변수, TSA, LEV, OWN, LOSS 및 OPIN과 상관관계가 있는 것으로 나타났다.

기업규모를 나타내는 SIZE는 TSA 및 OWN과는 음의 유의적인 상관관계를 보였으며, LEV, LOSS 및 OPIN과는 양의 유의적인 상관관계가 있는 것으로 나타났다. 경영자 보상가설에 따른 이익조정을 통제하기 위한 OWN은 LEV, SIZE 및 PCI와는 음의 유의적인 상관관계를 보였으며, LOSS 및 OPIN과는 양의 유의적인 상관관계가 있는 것으로 나타났다. 유상증자에 따른 이익조정을 통제하기 위한 PCI는 LEV와는 양의 유의적인 상관관계가 있는 것으로 나타났으며, OWN 및 OPIN과는 음의 유의적인 상관관계가 있는 것으로 나타났다. 전년도 손실발생에 따른 이익조정을 통제하기 위한 LOSS는 SIZE, OWN 및 OPIN에 대해 양의 유의적인 상관관계가 있는 것으로 나타났다. OPIN은 모든 통제변수와 상관관계가 있는 것으로 나타났는데, TSA와 PCI와는 음의 관계가 있으며 LEV, SIZE, OWN 및 LOSS와는 양의 관계에 있는 것으로 나타났다.

이러한 상관관계 분석 결과만으로 변수 간의 관계를 논하기에는 재량적 발생액에 미치는 기타의 요인들을 통제하지 않은 결과라서 무리가 따른다. 이후 분석에서는 paired t-검증, Wilcoxon-부호순위검증 및 회귀분석을 통해 재량적 발생액에 미치는 일정 변수를 통제한 후 ERP 시스템과 재량적 발생액 사이의 관계를 검증한다.

제2절 ERP 시스템과 이익조정과의 관계 분석

1. ERP 시스템 도입 전후 발생액 계정 차이검증 결과

[표 4-4]는 선행연구에서와 같이 ERP 시스템 도입 전후 시점 별로 매출채권 회수기간과 재고자산회전율에 대해 차이분석을 실시한 결과를 나타낸 것이다. 또한 본 연구에서 발생액 측정 시 사용한 유동자산, 유동부채, 감가상각비에 대해 차이분석을 실시한 결과도 나타내었다.

[표 4-4]에서 보는 바와 같이 ERP 시스템 도입 1년 후의 매출 채권 회수기간은 71.10일로 나타나, 도입 전 73.93일보다 약 2.83일 단축되었다는 것을 알 수 있다. 또한 ERP 시스템 도입 1년 후의 재고자산회전율도 16.81로 도입 전 12.13회보다 약 4.68회 증가되 었다는 것을 알 수 있다. ERP 시스템 도입으로 효율적인 경영관 리가 가능해짐으로 인해 나타나는 매출채권 회수기간 단축과 재고 자산회전율 증가는 선행연구 결과와도 일치하고 있다. paired t-검

증 및 Wilcoxon-부호순위 검증에서도 5% 유의수준에서 유의적인 p값을 보이고 있다. 또한 ERP 시스템 도입 1년 후에 있어서 유동자산과 유동부채가 유의적으로 감소하고 있는 것으로 나타났다.

[표 4-4] 시점별 ERP 도입 기업의 발생액 계정에 대한 paired -검증 결과

구 분	시 점	-2 (n=137)	-1 (n=136)	0 (n=138)	1 (n=137)	2 (n=110)	3 (n=82)
평 균	RCP	71.26	69.13	73.93	71.10	72.99	72.10
	IVT	10.91	11.47	12.13	16.81	15.55	14.71
	OA	0.042	0.043	0.033	-0.013	0.020	0.016
	OL	0.025	0.041	0.015	-0.002	0.019	0.008
	DEP	0.040	0.037	0.035	0.033	0.034	0.031
paired t-검증의 p값	시 점	-2 ~ -1	-1 ~ 0	0 ~ 1	1 ~ 2	2 ~ 3	
	RCP	0.133	0.031**	0.042**	0.120	0.567	
	IVT	0.674	0.871	0.018**	0.675	0.587	
	OA	0.430	0.009***	0.000***	0.002***	0.130	
	OL	0.001***	0.000***	0.024**	0.021**	0.042**	
	DEP	0.090*	0.160	0.160	0.260	0.090*	
W-검증의 p값	시 점	-2 ~ -1	-1 ~ 0	0 ~ 1	1 ~ 2	2 ~ 3	
	RCP	0.742	0.030**	0.041**	0.188	0.564	
	IVT	0.431	0.869	0.017**	0.673	0.582	
	OA	0.432	0.008***	0.000***	0.002***	0.130	
	OL	0.001***	0.000***	0.023**	0.020**	0.041**	
	DEP	0.087*	0.158	0.158	0.258	0.087*	

주 1) RCP: 매출채권 회수기간(평균매출채권/1일평균매출액), IVT: 재고자산회전율((매출원가/평균재고자산)×100), OA: 유동자산((매출채권 장·단기, 재고자산, 선급금 장·단기, 선급비용 장·단기, 미수수익)÷(전년도총자산)) 증감, OL: 유동부채((매입채무 장·단기, 선수금 장·단기, 미지급비용 장·단기, 미지급법인세, 관세, 선수수익)÷(전년도총자산)) 증감, DEP: 감가상각비((유형자산감가상각비+무형자산감가상각비)÷(전년도총자산)).
주 2) t-검증과 W-검증(Wilcoxon-부호순위검증)의 p값임(양측 검증).
주 3) ***, **, *는 각각 1%, 5%, 10% 유의수준에서 유의함을 나타냄(양측 검증).

ERP 시스템 도입으로 인해 효율적인 경영관리가 가능하다. 이러한 ERP 시스템의 특징으로 인해 선행연구들에서는 단기효과로 매출채권 회수기간이 단축되고 재고자산 회전율이 증가된다고 하였다. 본 분석 결과에서도 ERP 시스템 도입 1년 후에 있어서 선행연구와 같이 매출채권 회수기간이 단축되고 재고자산회전율이 증가되는 것으로 나타났다. 또한 유동부채, 유동자산 및 감가상각이 감소하는 것으로 나타났다. 이러한 결과는 경영자가 이들 계정을 통해 이익조정을 할 가능성을 감소시켜 궁극적으로 재량적 발생액 감소에 영향을 미칠 것으로 판단된다.

[표 4-4]와 같은 차이분석 결과만으로 ERP 시스템 도입이 이익조정에 미치는 영향에 대해 논하기에는 계정과목들만을 분석한 결과라서 무리가 따른다. 이후 분석에서는 각 모형에서 산출된 재량적 발생액에 대해 paired t-검증, Wilcoxon-부호순위검증 및 회귀분석을 실시하여 ERP 시스템과 재량적 발생액 사이의 관계를 검증한다.

2. ERP 시스템 도입 전후 DA 차이검증 결과

[표 4-5]는 ERP 시스템 도입 기업의 시점별 재량적 발생액에 대해 차이분석을 실시한 결과이다. 시점은 ERP 시스템 도입연도 (0)를 기준으로 도입 전 2년, 도입 후 3년으로 하였다. 도입 후 3년과 달리 도입 전 연도를 2년으로 한 이유는 도입년도를 도입 전년도에 포함하였기 때문이다.

[표 4-5] 시점별 ERP 도입 기업의 재량적 발생액에 대한 paired −검증 결과

구 분	시 점	−2 (n=137)	−1 (n=136)	0 (n=138)	1 (n=137)	2 (n=110)	3 (n=82)
평 균	CJDA	0.004	−0.007	0.009	−0.018	0.009	−0.000
	TJDA	−0.021	−0.010	−0.006	−0.030	−0.018	−0.018
	CFODA	−0.004	−0.005	0.005	−0.009	0.004	−0.003
	RANDA	0.008	−0.010	0.017	−0.020	−0.011	0.001
t-검증의 p값	시 점	−2~−1	−1~0	0~1	1~2	2~3	
	CJDA	0.440	0.147	0.016**	0.007***	0.398	
	TJDA	0.422	0.946	0.144	0.525	0.897	
	CFODA	0.821	0.258	0.092*	0.102	0.320	
	RANDA	0.094	0.008***	0.001***	0.450	0.369	
W-검증의 p값	시 점	−2~−1	−1~0	0~1	1~2	2~3	
	CJDA	0.410	0.145	0.014**	0.005***	0.397	
	TJDA	0.420	0.942	0.142	0.523	0.895	
	CFODA	0.817	0.253	0.091*	0.100	0.321	
	RANDA	0.087	0.007***	0.001***	0.430	0.365	

주 1) CJDA: 횡단면 수정 Jones모형에 의해 산출된 재량적 발생액, TJDA: 시계열 수정 Jones모형에 의해 산출된 재량적 발생액, CFODA: CFO모형에 의해 산출된 재량적 발생액, RANDA: Rangan모형에 의해 산출된 재량적 발생액.
주 2) t-검증과 W-검증(Wilcoxon-부호순위검증)의 p값임(양측 검증).
주 3) ***, **, *는 각각 1%, 5%, 10% 유의수준에서 유의함을 나타냄(양측 검증).

[표 4-5]의 paired t-검증 결과를 보면 ERP 시스템을 도입한 다음 연도에는 재량적 발생액이 감소하고 있다. 특히 Rangan모형에서 산출한 재량적 발생액이 1% 유의수준에서 유의하게 감소하는 것으로 나타났으며, 횡단면 수정 Jones모형에서 산출한 재량적 발생액은 5% 유의수준에서 유의하게 감소하고 있는 것으로 나타났다. Wilcoxon-부호순위 검증에서도 paired t-검증에서와 같

이 Rangan모형에서 산출한 재량적 발생액은 1% 유의수준에서
유의하게 감소하는 것으로 나타났으며, 횡단면 수정 Jones모형에
서 산출한 재량적 발생액은 5% 유의수준에서 유의하게 감소하고
있는 것으로 나타났다.

ERP 시스템을 도입하고 2년 후 회계연도 말에서의 재량적 발생
액은 시계열 수정 Jones모형에서만 paired t-검증과 Wilcoxon-부호
순위 검증에서 유의수준 1%에서 유의하게 증가하고 있는 것으로
나타났다. 또한 ERP 시스템을 도입하고 3년 후 회계연도 말에서는
재량적 발생액이 전년도보다 감소하고 있지만 유의성은 없다.[69]

ERP 시스템을 도입하고 2년 후에는 재량적 발생액이 다시 증
가하는 것으로 나타났는데, 이는 재량적 발생액은 발생액 계정과
목의 특성으로 인해 영구적인 것이 아니라 증감을 반복한다는 데
기인한 것으로 판단된다. 이러한 재량적 발생액의 특성으로 인해
ERP 시스템을 도입하고 2년 후에는 재량적 발생액이 증가하고,
다음해인 3년 후에는 다시 감소하는 형태를 보이고 있다.

---

69) 총발생액과 유동발생액의 평균은 ERP 시스템 도입 전 1차 연도에서는 증
   가하다가 도입 후 1차 연도에는 다소 감소하고 있는 것으로 나타났다. 이
   와는 달리 비유동발생액의 변동폭을 총발생액, 유동발생액 등과 비교해 본
   결과 크지 않았으며, 증감 형태도 총발생액, 유동발생액 등과 다른 형태를
   보이고 있었다. ERP 시스템 도입 2차 연도에서의 총발생액과 유동발생액
   은 다시 증가하고 있는 것으로 나타났지만, 도입 후 1차 연도의 감소폭보
   다는 작은 것으로 나타났다. 총발생액과 유동발생액의 증감형태는 ERP
   시스템 도입 1년 전에는 감소하고 도입연도에는 증가하고 도입 후 1차 연
   도에는 감소하고, 2차 연도에는 증가하는 형태를 보이고 있다. 이러한 증
   감폭은 도입 후 1차 연도에서 현저하게 감소하고 있었다. 반면, 비유동발
   생액의 증감폭은 총발생액과 유동발생액보다 작지만 ERP 시스템 도입 후
   1차 연도까지는 감소하고, 1차 연도부터 2차 연도까지는 증가하는 형태를
   보여 총발생액과 유동발생액의 증감 형태와 같은 것으로 나타났다.

(그림 5)는 [표 4-5]에 나타난 각 모형의 시점별 ERP 시스템
도입 기업의 재량적 발생액의 평균에 대한 추세를 보여주고 있다.
(그림 5)에서 보는 바와 같이 ERP 시스템 도입 다음연도는 모든
모형에서 동일하게 재량적 발생액이 감소하는 것으로 나타나 있
다. 감소폭이 가장 큰 모형은 유동재량발생액을 측정한 Rangan모
형이고, 감소폭이 가장 작은 모형은 CFO모형인 것을 알 수 있다.

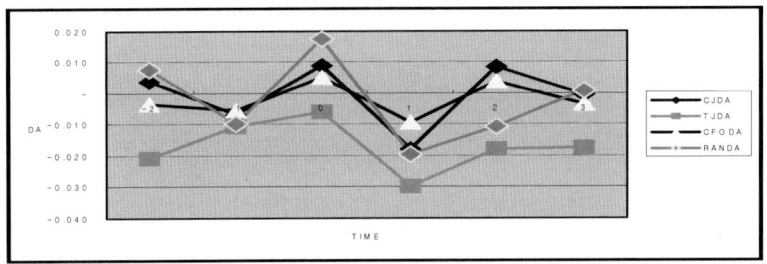

(그림 5) 시점별 재량적 발생액의 시계열 분포

주 1) CJDA: 횡단면 수정 Jones모형에 의해 산출된 재량적 발생액, TJDA:
　　　시계열 수정 Jones모형에 의해 산출된 재량적 발생액, CFODA: CFO
　　　모형에 의해 산출된 재량적 발생액, RANDA: Rangan모형에 의해
　　　산출된 재량적 발생액.

[표 4-6]은 ERP 시스템 도입 기업에 대한 시점별 비재량적 발
생액의 평균을 나타낸 것이다. 각 모형에서 산출된 비재량적 발생
액의 평균은 ERP 시스템 도입 전 1차 연도에서는 증가하다가 도
입 후 1차 연도에는 다소 감소하고 있는 것으로 나타났다. (그림
6)은 [표 4-6]에 나타난 각 모형의 시점별 ERP 시스템 도입 기업
의 비재량적 발생액의 평균에 대한 추세를 보여주고 있다.

[표 4-6] 시점별 ERP 도입 기업의 비재량적 발생액 평균

구 분	-2	-1	0	1	2	3
CJNDA	-0.021	-0.025	-0.026	-0.031	-0.031	-0.023
TJNDA	-0.006	-0.017	-0.012	-0.024	-0.014	-0.006
CFONDA	-0.021	-0.033	-0.029	-0.040	-0.035	-0.024
RANNDA	0.015	0.015	0.001	0.003	0.007	0.007

주 1) CJNDA: 횡단면 수정 Jones모형에 의해 산출된 비재량적 발생액,
TJNDA: 시계열 수정 Jones모형에 의해 산출된 비재량적 발생액,
CFONDA: CFO모형에 의해 산출된 비재량적 발생액, RANNDA:
Rangan모형에 의해 산출된 비재량적 발생액.

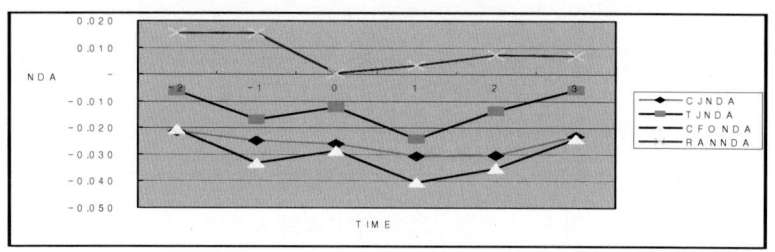

(그림 6) 시점별 비재량적 발생액의 시계열 분포

주 1) CJNDA: 횡단면 수정 Jones모형에 의해 산출된 비재량적 발생액,
TJNDA: 시계열 수정 Jones모형에 의해 산출된 비재량적 발생액,
CFONDA: CFO모형에 의해 산출된 비재량적 발생액, RANNDA:
Rangan모형에 의해 산출된 비재량적 발생액.

(그림 6)에서 보는 바와 같이 ERP 시스템 도입 다음연도는 모
든 모형에서 동일하게 비재량적 발생액이 감소하는 것으로 나타
나 있다. Rangan모형에서 산출된 비재량적 발생액만이 양으로
나타나 있는데, 이는 Rangan모형에서 유동발생액만을 이용하여
비재량적 발생액을 추정한 결과에 기인한 것으로 보인다.

[표 4-7]은 총발생액과 CFO모형에 의해 산출한 재량적 발생액
과 비재량적 발생액을 나타낸 표이다. [표 4-7]에서 보는 바와 같
이 ERP 시스템 도입 1년 후에 있어서 재량적 발생액은 -0.0095로
나타나 가장 작은 음의 값을 나타내고 있다. (그림 7)은 [표 4-7]
을 그림으로 나타낸 것이다.

[표 4-7] CFO모형에 의한 ERP 도입 기업의 발생액

구 분	-2	-1	0	1	2	3
DA	-0.0036	-0.0054	0.0050	-0.0095	0.0039	-0.0033
NDA	-0.0206	-0.0332	-0.0286	-0.0404	-0.0354	-0.0242
TA	-0.0242	-0.0387	-0.0236	-0.0499	-0.0315	-0.0275

주 1) DA: 재량적 발생액, NDA: 비재량적 발생액, TA: 총발생액.

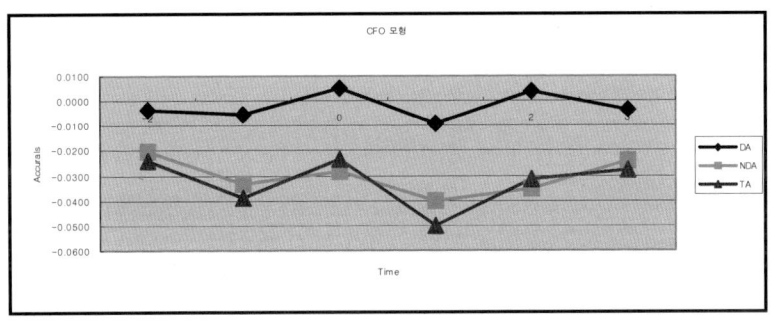

(그림 7) CFO모형에 의한 ERP 도입 기업의 발생액 분포

주 1) DA: 재량적 발생액, NDA: 비재량적 발생액, TA: 총발생액.

(그림 7)에서 보는 바와 같이 재량적 발생액, 비재량적 발생액
및 총발생액은 ERP 시스템 도입 1년 후에 있어서 감소하는 것으

로 나타났다. ERP 시스템 도입 1년 후의 재량적 발생액의 감소
폭이 다른 시점보다 더 크다는 것도 그림을 통해 알 수 있다.

　[표 4-8]은 총발생액과 Rangan모형에 의해 산출한 재량적 발
생액 및 비재량적 발생액을 나타낸 표이다. [표 4-8]에서 보는
바와 같이 ERP 시스템 도입 1년 후에 있어서 재량적 발생액은
−0.0196으로 감소하고 있다. (그림 8)은 [표 4-8]을 그림으로 나
타낸 것이다.

[표 4-8] Rangan모형에 의한 ERP 도입 기업의 발생액

구 분	−2	−1	0	1	2	3
DA	0.0079	−0.0097	0.0173	−0.0196	−0.0106	0.0009
NDA	0.0153	0.0155	0.0004	0.0034	0.0072	0.0069
TA	0.0232	0.0058	0.0178	−0.0162	−0.0034	0.0079

주 1) DA: 재량적 발생액, NDA: 비재량적 발생액, TA: 총발생액.

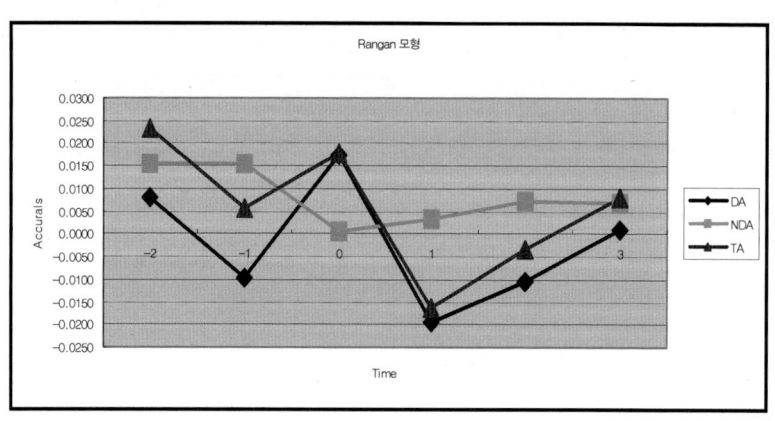

(그림 8) Rangan모형에 의한 ERP 도입 기업의 발생액 분포

주 1) DA: 재량적 발생액, NDA: 비재량적 발생액, TA: 총발생액.

(그림 8)에서 보는 바와 같이 재량적 발생액은 다른 어느 시점 보다도 ERP 시스템 도입 1년 후에 있어서의 감소폭이 크다는 것을 알 수 있다. 반면 비재량적 발생액은 ERP 시스템 도입년도에 감소하다가 도입 1년 후에는 소폭 증가한 것으로 나타났다.

[표 4-9]는 총발생액과 시계열 수정 Jones모형에 의해 산출한 재량적 발생액 및 비재량적 발생액을 나타낸 표이다. [표 4-9]에서 보는 바와 같이 ERP 시스템 도입 1년 후에 있어서 재량적 발생액은 −0.0297로 감소하고 있다.

[표 4-9] 시계열 수정 Jones모형에 의한 ERP 도입 기업의 발생액

구 분	−2	−1	0	1	2	3
DA	−0.0209	−0.0105	−0.0060	−0.0297	−0.0179	−0.0176
NDA	−0.0060	−0.0171	−0.0122	−0.0240	−0.0137	−0.0059
TA	−0.0269	−0.0276	−0.0182	−0.0537	−0.0316	−0.0236

주 1) DA: 재량적 발생액, NDA: 비재량적 발생액, TA: 총발생액.

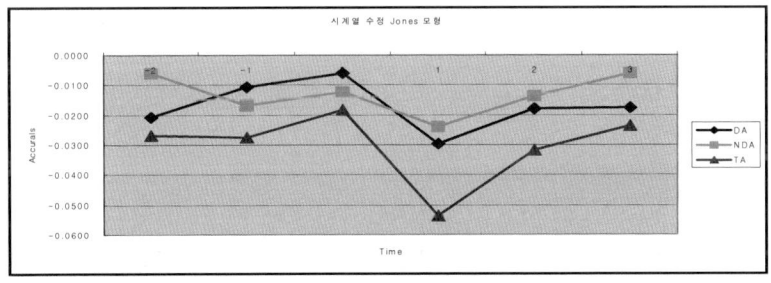

(그림 9) 시계열 수정 Jones모형에 의한 ERP 도입 기업의 발생액 분포

주 1) DA: 재량적 발생액, NDA: 비재량적 발생액, TA: 총발생액.

(그림 9)는 [표 4-9]를 그림으로 나타낸 것이다. 그림에서 보

는 바와 같이 재량적 발생액, 총발생액, 비재량적 발생액 모두 ERP 시스템 도입 1년 후에 있어서 감소하고 있는 것으로 나타났다. 또한 재량적 발생액은 다른 어느 시점보다도 ERP 시스템 도입 1년 후에 있어서의 감소폭이 크다는 것을 알 수 있다.

[표 4-10]은 총발생액과 횡단면 수정 Jones모형에 의해 산출한 재량적 발생액 및 비재량적 발생액을 나타낸 표이다. [표 4-10]에서 보는 바와 같이 ERP 시스템 도입 1년 후에 있어서 재량적 발생액은 −0.0180으로 감소하고 있으며, 도입 2년 후에는 다시 증가하는 것으로 나타나는 등 증감을 반복하고 있다. (그림 10)은 [표 4-10]을 그림으로 나타낸 것이다.

[표 4-10] 횡단면 수정 Jones모형에 의한 ERP 도입 기업의 발생액

구 분	−2	−1	0	1	2	3
DA	0.0038	−0.0069	0.0088	−0.0180	0.0086	−0.0004
NDA	−0.0213	−0.0247	−0.0261	−0.0308	−0.0305	−0.0232
TA	−0.0175	−0.0316	−0.0173	−0.0488	−0.0219	−0.0236

주 1) DA: 재량적 발생액, NDA: 비재량적 발생액, TA: 총발생액.

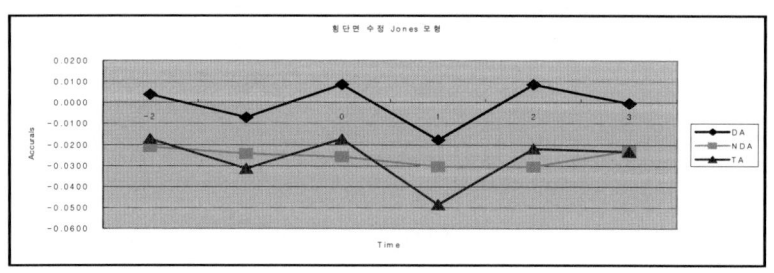

(그림 10) 횡단면 수정 Jones모형에 의한 ERP 도입 기업의 발생액 분포

주 1) DA: 재량적 발생액, NDA: 비재량적 발생액, TA: 총발생액.

(그림 8)에서 보는 바와 같이 재량적 발생액, 총발생액, 비재량적 발생액 모두 ERP 시스템 도입 1년 후에 있어서 감소하고 있는 것으로 나타났다. 또한 재량적 발생액 및 총발생액은 다른 어느 시점보다도 ERP 시스템 도입 1년 후에 있어서의 감소폭이 크다는 것을 알 수 있다.

3. ERP 시스템 도입이 발생액에 미치는 영향 분석 결과

[표 4-11]은 ERP 시스템이 이익조정에 미치는 영향을 분석하기 위해 회귀분석을 실시한 후 이분산성을 통제한 white t값을 나타낸 것이다. 설명변수 간에 다중공선성이 있는지를 분산팽창계수(VIF: variance influence factor)값으로 체크해 보았다. 일반적으로 분산팽창계수값이 10 이상인 변수가 나타나면 설명변수 간에 다중공선성이 심각하여 회귀계수 추정치에 미치는 영향이 크다고 판단한다. [표 4-11]의 회귀식에서 분산팽창계수는 최대가 1.16이며 최소가 1.02인 것으로 나타나 다중공선성의 문제는 없는 것으로 판단된다. 또한 CFODA가 종속변수인 모형의 F-값은 3.43으로서 통계적으로 유의하게 나타나 모형설정상의 문제는 없다. 또한 모형의 설명력(수정된 R2)은 6.87%로 나타났다. RANDA가 종속변수인 경우의 F-값은 3.63이며, 모형의 설명력은 7.3%인 것으로 나타났다. 각 모형 중 설명력이 가장 작은 모형은 시계열 수정 Jones모형으로 5.67%로 나타났다.

ERP 시스템이 이익조정에 영향을 미치는지에 대한 연구가설은 [표 4-11]에서 보는 바와 같이 CFO모형, Rangan모형, 시계열 수정 Jones모형 및 횡단면 수정 Jones모형에서 지지되고 있다. 즉, ERP 시스템을 도입하고 1년 후가 도입하기 전보다 재량적 발생액이 유의하게 감소되는 것으로 나타났다.

[표 4-11] ERP 시스템이 DA에 미치는 영향 분석(도입 전후 1년)

모형 변수	예상 부호	CFODA (n=275) 회귀 계수	CFODA (n=275) t값	RANDA (n=275) 회귀 계수	RANDA (n=275) t값	TJDA (n=275) 회귀 계수	TJDA (n=275) t값	CJDA (n=275) 회귀 계수	CJDA (n=275) t값
절편	±	0.021	0.35	0.022	0.31	0.032	0.23	0.162	2.06**
ERP	−	−0.011	−1.63***	−0.031	−3.18***	−0.021	−1.41***	−0.021	−2.00***
TSA	+	0.072	0.08	0.592	0.62*	1.894	2.03***	1.235	1.92***
LEV	+	0.033	1.24**	0.014	0.45	0.062	1.04***	0.043	1.50***
SIZE	−	−0.015	−0.88**	−0.011	−0.61*	−0.013	−0.57	−0.012	−2.45***
OWN	±	0.012	0.74	−0.012	−0.14	0.012	0.43	0.013	0.66
PCI	±	−0.011	−0.30	−0.014	−0.11	−0.032	−1.58*	−0.012	−0.74
LOSS	±	0.023	1.32*	0.062	3.37***	0.052	2.08**	0.045	2.42***
OPIN	±	−0.001	−0.17	−0.023	−0.87	0.081	2.20**	−0.036	−1.23*
수정된 R2		0.0687		0.073		0.0567		0.0693	
F값		3.43***		3.63***		3.01***		3.47***	

Model 1: $DAi = \alpha 0 + \beta 1ERPi + \beta 2TSAi + \beta 3LEVi + \beta 4SIZEi + \beta 5OWNi + \beta 6PCIi + \beta 7LOSSi + \beta 8OPINi + \mu i$

주 1) ERP: 도입년도는 0으로 하고, 도입 후 +1년은 1로 한 더미변수, CJDA: 횡단면 수정 Jones모형에 의해 산출된 재량적 발생액, TJDA: 시계열 수정 Jones모형에 의해 산출된 재량적 발생액, CFODA: CFO모형에 의해 산출된 재량적 발생액, RANDA: Rangan모형에 의해 산출된 재량적 발생액, TSA: 조세혜택 측정치, LEV: 부채비율, SIZE: 기말총자산에 자연로그를 취함, OWN: 대주주 1인 지분률, PCI: 유상증자를 했으면 1, 그렇지 않으면 0인 더미변수, LOSS: 전년도 손실이 발생했으면 0, 그렇지 않으면 1인 더미변수, OPIN: 전년도 감사의견이 적정의견이면 1, 그렇지 않으면 0인 더미변수.

주 2) ***, **, *는 각각 1%, 5%, 10% 유의수준에서 유의함을 나타냄(방향을 예측한 변수는 단측 검증, 방향을 예측하지 않은 변수는 양측 검증).

[표 4-11]에 나타난 바와 같이 CFO모형, Rangan모형, 시계열 수정 Jones모형 및 횡단면 수정 Jones모형에서 ERP 시스템 도입 1년 후의 재량적 발생액이 ERP 시스템을 도입 전보다 유의하게 감소하고 있다. 특히 Rangan모형에서 산출된 재량적 발생액이 가장 크게 감소하고 있는 것으로 나타났다. 재량적 발생액 측정 모형 간에 차이를 보이는 이유는 재량적 발생액을 측정하는 방법에 있어서 차이를 보이고 있기 때문이다. 즉, CFO모형은 표본 기업의 현금흐름 수준을 5분위로 나누어 각 기업에 대입하였으며, Rangan모형은 유동 발생액만을 이용하여 재량적 발생액을 산출하였다. 또한 수정 Jones모형에서는 횡단면 자료와 시계열 자료를 달리 적용하였다.

재량적 발생액을 통제하기 위해 모형에 포함한 TSA는 시계열 수정 Jones모형과 횡단면 수정 Jones모형에서 1% 유의수준에서 재량적 발생액에 대해 양의 유의한 영향을 미치는 것으로 나타났다. 이는 조세혜택이 클수록 이익조정을 많이 한다는 법인세 최소화 가설과 부합한다. LEV는 부채비율이 높은 기업일수록 계약비용을 줄이기 위해 이익조정을 한다는 부채계약 가설에 의해 모형에 포함한 변수이다. 분석 결과 모든 모형에서 방향은 양으로 나타났지만 1% 유의수준에서 유의한 양의 값을 보인 모형은 CFO모형, 시계열 수정 Jones모형 및 횡단면 수정 Jones모형이다. SIZE는 정치적 비용가설에 의한 기업규모를 통제하기 위해 모형에 포함하였는데, 분석 결과 음으로 유의한 방향을 보인 모형은 횡단면 수정 Jones모형에서 나타났다.

[표 4-12]는 ERP 시스템이 도입 전후 2년간에 있어서 재량적 발생액에 미치는 영향을 분석하기 위해 회귀분석을 실시한 후 이

분산성을 통제한 white t값을 나타낸 것이다. 분산팽창계수는 최대가 1.15이며 최소가 1.04인 것으로 나타나 다중공선성의 문제는 없는 것으로 판단된다. 또한 모형의 설명력(수정된 R2)은 최대가 5.0%, 최소가 3.0%로 나타났다.

[표 4-12] ERP 시스템이 DA에 미치는 영향 분석(도입 전후 2년)

Model 1: $DAi = \alpha 0 + \beta 1ERPi + \beta 2TSAi + \beta 3LEVi + \beta 4SIZEi$ $+ \beta 5OWNi + \beta 6PCIi + \beta 7LOSSi + \beta 8OPINi + \mu i$		CFODA (n=521)		RANDA (n=521)		TJDA (n=521)		CJDA (n=521)	
모형 변수	예상 부호	회귀계수	t값	회귀계수	t값	회귀계수	t값	회귀계수	t값
절편	±	0.061	1.52*	0.046	0.66	0.105	1.20*	0.113	2.13**
ERP	−	−0.016	−0.30	−0.013	−1.82***	−0.016	−0.90	−0.012	−0.21
TSA	+	0.174	0.29	0.086	0.12	1.244	1.65**	0.672	1.02**
LEV	+	0.026	1.14**	0.024	0.74*	0.034	0.60	0.043	1.66***
SIZE	−	−0.012	−2.01***	−0.015	−1.16**	−0.013	−0.29	−0.014	−2.62***
OWN	±	0.011	0.86	0.013	0.54	0.012	1.30*	0.012	0.65
PCI	±	−0.017	−0.51	0.012	0.36	−0.027	−1.56*	−0.014	−0.54
LOSS	±	0.015	1.60**	0.052	4.25***	0.043	2.35**	0.031	3.01***
OPIN	±	−0.011	−0.41	−0.024	−1.24*	0.062	1.49*	−0.022	−1.06*
수정된 R2		0.03		0.05		0.04		0.03	
F값		2.98***		3.86***		3.20***		2.92***	

주 1) ERP: 도입년도와 −1년은 0으로 하고, 도입 후 +1년과 +2년은 1로 한 더미변수. CJDA: 횡단면 수정 Jones모형에 의해 산출된 재량적 발생액. TJDA: 시계열 수정 Jones모형에 의해 산출된 재량적 발생액. CFODA: CFO모형에 의해 산출된 재량적 발생액. RANDA: Rangan모형에 의해 산출된 재량적 발생액. TSA: 조세혜택 측정치. LEV: 부채비율. SIZE: 기말총자산에 자연로그를 취함. OWN: 대주주 1인 지분율. PCI: 유상증자를 했으면 1, 그렇지 않으면 0인 더미변수. LOSS: 전년도 손실이 발생했으면 0, 그렇지 않으면 1인 더미변수. OPIN: 전년도 감사의견이 적정의견이면 1, 그렇지 않으면 0인 더미변수.

주 2) ***, **, *는 각각 1%, 5%, 10% 유의수준에서 유의함을 나타냄(방향을 예측한 변수는 단측 검증, 방향을 예측하지 않은 변수는 양측 검증).

F-값은 최대가 3.86, 최소가 2.92로 나타났다. ERP 시스템 도입 전후 2년을 분석한 각 모형에서의 표본 수는 도입 전후 1년을 비교한 모형보다 246개가 증가했다.

[표 4-12]에서 보는 바와 같이 ERP 시스템 도입 후 2년간이 도입 전 2년간보다 재량적 발생액이 유의적으로 감소한 모형은 Rangan모형으로 나타났다. 이외에도 CFO모형, 시계열 수정 Jones 모형 및 횡단면 수정 Jones모형의 회귀계수도 음의 방향을 보였지만 유의적이지는 않았다. 이러한 결과는 재량적 발생액에 대해 모든 모형에서 유의적인 음의 방향을 보인 ERP 시스템 도입 전후 1년을 분석한 [표 4-11]과 비교해 볼 때, 분석기간을 확장하여 도입 전후 2년간을 분석한 결과에서는 재량적 발생액의 감소가 작아 졌다는 것을 알 수 있다.

즉, ERP 시스템 도입 전후 1년간 분석에서 재량적 발생액이 가장 크게 감소되는 것으로 나타났다. 이는 [표 4-5]의 paired t-검증과 Wilcoxon-부호순위 검증 결과와도 일치한다.

통제변수 중 TSA는 시계열 수정 Jones모형과 횡단면 수정 Jones모형에서 산출된 재량적 발생액에 대해 유의적인 양의 영향을 미치는 것으로 나타났다. LEV는 CFODA, CJDA에 대해 유의 적인 양의 방향을 보였으나, TJDA와 RANDA에 대해서는 양의 방향을 보였지만 유의성은 없었다. LOSS는 모든 모형에서 양의 유의한 방향을 보였다.

[표 4-13]은 ERP 시스템 도입 전후 3년간에 있어서 재량적 발생액에 미치는 영향을 분석하기 위해 회귀분석을 실시한 후 이분산성을 통제한 white t값을 나타낸 것이다. 분산팽창계수는 최대

가 1.12이며 최소가 1.04인 것으로 나타나 다중공선성의 문제는 없는 것으로 판단된다. 또한 모형의 설명력(수정된 R2)은 최대가 4.0%, 최소가 3.0%로 나타났다. F-값은 최대가 4.91, 최소가 3.12로 나타났다. ERP 시스템 도입 전후에 대해 분석기간을 3년으로 확장한 각 모형에서의 표본 수는 708개로 도입 전후 2년을 비교한 521개보다 약 219개가 증가했다.

ERP 시스템 도입 후 3년간이 도입 전 3년간보다 재량적 발생액이 유의적으로 감소한 모형은 Rangan모형으로 나타났다. 이외에도 CFO모형, 시계열 수정 Jones모형 및 횡단면 수정 Jones모형의 회귀계수도 음의 방향을 보였지만 유의적이지는 않았다. 이러한 결과는 재량적 발생액에 대해 모든 모형에서 유의적인 음의 방향을 보인 ERP 시스템 도입 전후 1년을 분석한 [표 4-11], 도입 전후 2년간을 분석한 [표 4-12]와 비교해 볼 때, 도입 전후 2년간을 분석했을 때부터 재량적 발생액의 감소가 둔화된다는 것을 알 수 있다. 즉, ERP 시스템 도입 전후 1년간을 분석했을 때 재량적 발생액이 가장 크게 감소되는 것으로 나타났다. 이는 [표 4-5]의 t-검증과 Wilcoxon-부호순위검증 결과와도 일치한다.

통제변수 중 TSA는 시계열 수정 Jones모형과 횡단면 수정 Jones모형에서 산출된 재량적 발생액에 대해 유의적인 양의 영향을 미치는 것으로 나타났다. LEV는 CFODA, RANDA, TJDA 및 CJDA에 대해 양의 유의적인 영향을 미치는 것으로 나타났다. 이는 부채계약가설에 의해 부채비율이 높을수록 계약비용을 감소시키기 위해 이익조정을 한다는 선행연구의 결과와 일치한다.

SIZE는 모든 모형에서 음의 방향을 보였지만 CFODA, RANDA

및 CJDA에 대해서만 1% 유의수준에서 유의성이 있는 것으로 나타났다. LOSS는 RANDA, TJDA 및 CJDA에 대해 1% 유의수준에서 양의 유의한 영향을 미치는 것으로 나타났다.

[표 4-13] ERP 시스템이 DA에 미치는 영향 분석(도입 전후 3년)

$$Model\ 1:\ DA_i = \alpha 0 + \beta 1ERP_i + \beta 2TSA_i + \beta 3LEV_i + \beta 4SIZE_i$$
$$+ \beta 5OWN_i + \beta 6PCI_i + \beta 7LOSS_i + \beta 8OPIN_i + \mu_i$$

모형 변수	예상 부호	CFODA (n=740)		RANDA (n=740)		TJDA (n=740)		CJDA (n=740)	
		회귀계수	t값	회귀계수	t값	회귀계수	t값	회귀계수	t값
절편	±	0.062	1.61**	0.053	1.18*	0.093	1.26*	0.101	2.23**
ERP	−	−0.011	−0.18	−0.011	−1.32***	−0.012	−0.25	−0.014	−0.21
TSA	+	0.094	0.19	0.073	0.12	2.033	2.65***	0.652	1.15**
LEV	+	0.033	2.47***	0.035	2.06***	0.046	1.07**	0.052	2.65***
SIZE	−	−0.015	−2.31***	−0.013	−2.01***	−0.012	−0.60	−0.011	−3.04***
OWN	±	0.013	0.65	0.016	0.79	0.011	2.19**	0.013	0.90
PCI	±	−0.013	−0.51	0.013	0.89	−0.012	−1.05*	−0.011	−0.10*
LOSS	±	0.015	1.46*	0.042	4.23***	0.054	3.28***	0.032	2.96***
OPIN	±	−0.017	−0.74	−0.021	−1.31*	0.031	0.93	−0.025	−1.14*
수정된 R2		0.03		0.04		0.04		0.03	
F값		3.12***		4.91***		4.65***		3.79***	

주 1) ERP: 도입년도와 −1년, −2년은 0으로 하고, 도입 후 +1년과 +2년, +3년은 1로 한 더미변수, CJDA: 횡단면 수정 Jones모형에 의해 산출된 재량적 발생액, TJDA: 시계열 수정 Jones모형에 의해 산출된 재량적 발생액, CFODA: CFO모형에 의해 산출된 재량적 발생액, RANDA: Rangan모형에 의해 산출된 재량적 발생액, TSA: 조세혜택 측정치, LEV: 부채비율, SIZE: 기말총자산에 자연로그를 취함, OWN: 대주주 1인 지분률, PCI: 유상증자를 했으면 1, 그렇지 않으면 0인 더미변수, LOSS: 전년도 손실이 발생했으면 0, 그렇지 않으면 1인 더미변수, OPIN: 전년도 감사의견이 적정의견이면 1, 그렇지 않으면 0인 더미변수.

주 2) ***, **, *는 각각 1%, 5%, 10% 유의수준에서 유의함을 나타냄(방향을 예측한 변수는 단측 검증, 방향을 예측하지 않은 변수는 양측 검증).

제3절 추가 분석

[표 4-14]는 ERP 시스템이 총발생액, 유동발생액 및 비유동발생액에 미치는 영향을 분석하기 위해 회귀분석을 실시한 후 이분산성을 통제한 white t값을 나타낸 것이다.[70] 모형의 F-값은 최대가 4.16, 최소가 3.09로 나타나 모형 설정상의 문제는 없다. 각모형의 설명력은 총발생액 및 유동발생액이 종속변수인 모형이 8.0%로 가장 크게 나타났으며, 비유동발생액이 종속변수인 모형이 6.0%로 가장 작게 나타났다. [표 4-14]를 보면 ERP 시스템 도입 후 1년이 도입 전 1년보다 유동발생액이 유의적으로 감소하고 있다는 것을 알 수 있다. 반면, 총발생액과 비유동발생액도 감소는 하고 있지만 유의성은 없는 것으로 나타났다. 이는 ERP 시스템도입 1년도에는 기업의 비유동발생액보다 유동발생액을 더 많이 감소시킨다는 것을 의미한다.

통제변수로 사용된 조세혜택 측정치인 TSA는 유동발생액과 비유동발생액에 대해서만 양의 유의한 영향을 미치고 있는 것으로 나타났다. 즉, 조세혜택이 높을수록 비유동발생액이 높은 것으로 나타났다. LEV는 총발생액에 대해서만 1% 유의수준에서 양의 유의한 영향을 미치고 있는 것으로 나타났다. 반면, SIZE는 총발생액, 유동발생액 및 비유동발생액에 대해 음의 유의적인 방향을 나타냈다. 즉, 기업규모가 클수록 유동발생액과 비유동발생

---

70) 분산팽창계수는 최대가 1.15이며 최소가 1.02인 것으로 나타나 다중공선성의 문제는 없는 것으로 판단된다.

액이 감소하고 이러한 결과로 총발생액이 감소하는 것으로 나타
났다. 이러한 결과를 볼 때 대기업에서 ERP 시스템을 도입했을
경우 감소되는 재량적 발생액이 더 클 것으로 판단된다. OWN,
PCI, OPIN은 총발생액, 유동발생액 및 비유동발생액에 대해 유
의성이 없는 것으로 나타났다.

[표 4-14] ERP 시스템이 AA에 미치는 영향 분석(도입 전후 1년)

$$Model\ 1:\ AAi = \alpha 0 + \beta 1ERPi + \beta 2TSAi + \beta 3LEVi + \beta 4SIZEi$$
$$+ \beta 5OWNi + \beta 6PCIi + \beta 7LOSSi + \beta 8OPINi + \mu i$$

모형 변수	예상 부호	TA (n=275) 회귀 계수	t값	CA (n=275) 회귀 계수	t값	NCA (n=275) 회귀 계수	t값
절편	±	0.153	1.69**	0.103	1.06*	−0.043	−1.65**
ERP	−	−0.022	−1.90***	−0.032	−2.33***	−0.012	−0.64
TSA	+	0.803	0.99**	1.205	1.48***	0.405	2.47***
LEV	+	0.051	1.51***	0.033	0.87	0.016	−0.88
SIZE	−	−0.015	−3.15***	−0.013	−1.94***	−0.013	−2.52***
OWN	±	0.013	0.20	0.012	0.37	0.012	0.67
PCI	±	−0.013	−0.81	−0.011	−0.71	−0.015	−0.26
LOSS	±	0.066	3.42***	0.065	3.54***	0.013	2.98***
OPIN	±	−0.011	−0.35	−0.012	−0.24	0.015	0.50
수정된 R2		0.08		0.08		0.06	
F값		4.06***		4.16***		3.09***	

주 1) ERP: 도입년도는 0으로 하고, 도입 후 +1년은 1로 한 더미변수, TA:
총발생액, CA: 유동발생액, NCA: 비유동발생액, TSA: 조세혜택 측정
치, LEV: 부채비율, SIZE: 기말총자산에 자연로그를 취함, OWN: 대주
주 1인 지분률, PCI: 유상증자를 했으면 1, 그렇지 않으면 0인 더미변수,
LOSS: 전년도 손실이 발생했으면 0, 그렇지 않으면 1인 더미변수,
OPIN: 전년도 감사의견이 적정의견이면 1, 그렇지 않으면 0인 더미변수.
주 2) ***, **, *는 각각 1%, 5%, 10% 유의수준에서 유의함을 나타냄(방향을 예
측한 변수는 단측 검증, 방향을 예측하지 않은 변수는 양측 검증).

[표 4-15]는 ERP 시스템 도입 전후 2년간에 있어서 총발생액, 유동발생액 및 비유동발생액에 미치는 영향을 분석하기 위해 회귀분석을 실시한 후 이분산성을 통제한 white t값을 나타낸 것이다. 모형의 F-값은 최대가 4.53, 최소가 3.48로 나타나 모형 설정상의 문제는 없다. 각 모형의 설명력은 총발생액과 유동발생액이 종속변수인 모형이 5.0%로 가장 크게 나타났으며, 비유동발생액이 종속변수인 모형이 4.0%로 가장 작게 나타났다. [표 4-15]를 보면 ERP 시스템 도입 후 2년간이 도입 전 2년간보다 총발생액, 유동발생액 및 비유동발생액이 감소는 하고 있지만 유의성은 없는 것으로 나타났다. ERP 시스템 도입 전후 1년을 분석한 [표 4-14]의 도입 후 1년이 도입 전 1년보다 유동발생액이 유의적으로 감소하고 있는 것과 비교해 볼 때 분석기간을 확장하여 ERP 시스템 도입 전후 2년간을 분석한 결과에서는 유동발생액 감소폭이 둔화되었다는 것을 알 수 있다.

[표 4-15]에서 통제변수로 사용된 조세혜택 측정치인 TSA는 총발생액에 대해 유의성이 없는 것으로 나타났지만, 유동발생액과 비유동발생액에 대해서는 양의 유의적인 영향을 미치고 있는 것으로 나타났다. 이러한 결과는 도입 전후 1년간의 분석 결과와 같다. LEV는 총발생액과 유동발생액에 대해 1% 유의수준에서 양의 유의한 영향을 미치고 있는 것으로 나타났다.

SIZE는 도입 전후 1년을 분석한 결과와 같이 총발생액, 유동발생액 및 비유동발생액에 대해 1% 유의수준에서 음의 유의한 영향을 미치고 있는 것으로 나타났다. 즉, 기업규모가 클수록 발생액이 큰 것으로 나타났다. OWN은 비유동발생액에 대해서만 1%

유의수준에서 양의 유의한 영향을 미치고 있는 것으로 나타났으
며, LOSS는 총발생액, 유동발생액 및 비유동발생액에 대해 양의
유의적인 영향을 미치고 있는 것으로 나타났다. 즉, 부채비율이
높을수록 유동발생액, 비유동발생액 및 총발생액이 증가한다.

[표 4-15] ERP 시스템이 AA에 미치는 영향 분석(도입 전후 2년)

$$Model\ 1:\ AAi\ =\ \alpha\ 0+\beta\ 1ERPi+\beta\ 2TSAi+\beta\ 3LEVi+\beta\ 4SIZEi$$
$$+\beta\ 5OWNi+\beta\ 6PCIi+\beta\ 7LOSSi+\beta\ 8OPINi+\mu\ i$$

모형 변수	예상 부호	TA (n=521) 회귀 계수	t값	CA (n=521) 회귀 계수	t값	NCA (n=521) 회귀 계수	t값
절편	±	0.123	1.91**	0.072	1.17*	−0.023	−1.15*
ERP	−	−0.012	−0.48	−0.013	−1.40***	−0.012	−1.63***
TSA	+	0.325	0.52*	0.653	1.08**	0.291	1.91***
LEV	+	0.041	1.85***	0.032	1.39***	0.013	0.34
SIZE	−	−0.016	−3.29***	−0.015	−2.09***	−0.015	−2.25***
OWN	±	−0.013	−0.05	0.012	0.87	0.012	2.40***
PCI	±	−0.012	−0.36	−0.011	−0.51	−0.011	−1.22***
LOSS	±	0.051	4.32***	0.051	4.48***	0.015	2.01**
OPIN	±	−0.025	−1.04*	−0.013	−0.61	0.013	1.72**
수정된 R^2		0.05		0.05		0.04	
F값		4.28***		4.53***		3.48***	

주 1) ERP: 도입년도와 −1년은 0으로 하고, 도입 후 +1년과 +2년은 1로 한
   디미변수, TA: 총발생액, CA: 유동발생액, NCA: 비유동발생액, TSA:
   조세혜택 측정치, LEV: 부채비율, SIZE: 기말총자산에 자연로그를 취함,
   OWN: 대주주 1인 지분률, PCI: 유상증자를 했으면 1, 그렇지 않으면 0
   인 더미변수, LOSS: 전년도 손실이 발생했으면 0, 그렇지 않으면 1인 더
   미변수, OPIN: 전년도 감사의견이 적정의견이면 1, 그렇지 않으면 0인
   더미변수.
주 2) ***, **, *는 각각 1%, 5%, 10% 유의수준에서 유의함을 나타냄(방향을
   예측한 변수는 단측 검증, 방향을 예측하지 않은 변수는 양측 검증).

[표 4-16]은 분석기간을 확장하여 ERP 시스템 도입 전후 3년간에 있어서 총발생액, 유동발생액 및 비유동발생액에 미치는 영향을 분석하기 위해 회귀분석을 실시한 후 이분산성을 통제한 white t값을 나타낸 것이다. 분산팽창계수는 최대가 1.19이며 최소가 1.05인 것으로 나타나 다중공선성의 문제는 없는 것으로 판단된다.

또한 모형의 F-값은 최대가 7.13, 최소가 5.36으로 나타나 모형설정상의 문제는 없다. 각 모형의 설명력은 총발생액 및 유동발생액이 종속변수인 모형이 6.0%로 가장 크게 나타났으며, 비유동발생액이 종속변수인 모형이 5.0%로 가장 작게 나타났다.

[표 4-16]을 보면 ERP 시스템 도입 후 3년간이 도입 전 3년간보다 비유동발생액이 유의적으로 감소한 것으로 나타났다. 도입 전후 1년과 2년간을 분석한 결과와 비교해 보면 도입 후 1년에 있어서는 유동발생액이 유의적으로 감소하며, 분석기간을 확장한 도입 후 3년간에 있어서는 비유동발생액이 유의적으로 감소하는 것으로 나타났다.

통제변수로 사용된 조세혜택 측정치인 TSA는 총발생액, 유동발생액 및 비유동발생액에 대해 양의 유의한 영향을 미치는 것으로 나타났다. LEV는 총발생액과 유동발생액에 대해 1% 유의수준에서 양의 유의한 영향을 미치고 있는 것으로 나타났다. ERP 시스템 도입 전후 2년간을 분석한 결과와 달리 분석기간을 확장하여 3년간을 분석했을 때 유의성이 높게 나온 이유는 도입 후 3년도에서 비유동발생액이 현저하게 감소한 데 기인한 것으로 판단된다. SIZE는 총발생액, 유동발생액 및 비유동발생액에 대해 음의 유의한 영향을 미치고 있는 것으로 나타났으며, LOSS는 총발생액과 유동발생액에 대해 1% 유의수준에서 양의 유의적인 방향을 나타냈다. OPIN과 PCI는 총발생액, 유동발생액 및 비유동발생액에 대해 유의성이 없는 것으로 나타났다.

[표 4-16] ERP 시스템이 AA에 미치는 영향 분석(도입 전후 3년)

$Model\ 1:\ AAi\ =\ \alpha\ 0+\beta\ 1ERPi+\beta\ 2TSAi+\beta\ 3LEVi+\beta\ 4SIZEi$ $+\beta\ 5OWNi+\beta\ 6PCIi+\beta\ 7LOSSi+\beta\ 8OPINi+\mu\ i$						
모형 ＼ 변수	예상 부호	TA (n=740)		CA (n=740)		NCA(n=740)
		회귀 계수	t값	회귀 계수	t값	회귀 계수	t값
절편	±	0.132	2.76***	0.092	2.09**	-0.023	-1.33*
ERP	-	-0.015	-0.45	-0.012	-0.80**	-0.012	-3.10***
TSA	+	0.492	0.94**	0.863	1.75***	0.422	3.11***
LEV	+	0.073	3.59***	0.063	3.34***	0.011	0.28
SIZE	-	-0.013	-4.63***	-0.011	-3.27***	-0.015	-3.07***
OWN	±	0.012	0.68	0.013	1.47*	0.012	2.14**
PCI	±	0.013	0.44	0.015	0.30	-0.015	-1.48*
LOSS	±	0.041	4.17***	0.042	4.38***	0.013	1.72**
OPIN	±	-0.025	-1.36*	-0.022	-1.17*	0.011	0.92
수정된 R2		0.06		0.06		0.05	
F값		6.97***		7.13***		5.36***	

주 1) ERP: 도입년도와 -1년, -2년은 0으로 하고, 도입 후 +1년과 +2년, +3년은 1로 한 더미변수. TA: 총발생액, CA: 유동발생액, NCA: 비유동발생액, TSA: 조세혜택 측정치, LEV: 부채비율, SIZE: 기말총자산에 자연로그를 취함, OWN: 대주주 1인 지분률, PCI: 유상증자를 했으면 1, 그렇지 않으면 0인 더미변수, LOSS: 전년도 손실이 발생했으면 0, 그렇지 않으면 1인 더미변수, OPIN: 전년도 감사의견이 적정의견이면 1, 그렇지 않으면 0인 더미변수.

주 2) ***, **, *는 각각 1%, 5%, 10% 유의수준에서 유의함을 나타냄(방향을 예측한 변수는 단측 검증, 방향을 예측하지 않은 변수는 양측 검증).

제4절 민감도 분석

본 연구에서는 ERP 시스템 도입이 이익조정에 미치는 영향을 분석하였다. 이익조정 측정은 재량적 발생액을 이용하였으며, 재량적 발생액은 CFO모형, Rangan모형, 시계열 수정 Jones모형 및 횡단면 수정 Jones모형을 이용하였다. 분석 결과 ERP 시스템 도입 후가 도입 전보다 재량적 발생액이 감소하는 것으로 나타났다. 이러한 원인은 ERP 시스템 도입으로 인해 효율적인 경영관리가 가능해져 발생액에 영향을 미치는 매출채권 회수기간 및 재고자산 회전율 등이 향상된 데에 기인한 것으로 판단된다.

ERP 시스템 도입 전후에 대해 시점별 paired t-검증과 Wilcoxon-부호순위검증 결과 ERP 시스템을 도입하고 1년 후에 재량적 발생액이 유의적으로 감소하는 것으로 나타났다. 또한 회귀분석에서도 ERP 시스템은 도입 1년 후의 재량적 발생액에 대해 1% 유의수준에서 유의적인 음의 영향을 미치는 것으로 나타났다. 이에 본 절에서는 ERP 시스템 도입으로 인한 이익조정 감소에 대해 세부적으로 분석하고자 산업별로 회귀분석을 실시하였다. 즉, 각 산업별로 재량적 발생액을 종속변수로 하고 ERP 시스템 도입여부 변수를 실험변수로 하여 회귀분석을 실시하였다. 회귀분석은 표본 수가 작은 경우 분석결과가 의미가 없다고 판단되어, 도입 전후 1년간을 대상으로 극단치 제거후의 표본 수가 14개 이상인 산업에 대해서 실시하였다. ERP 시스템 도입 전후 1년간을 대상으로 표본 수가 14개 이상인 산업은 다음과 같다. 고무 및 플라스틱제품제조업(14개), 기타 기계 및 장비제조업(14개), 도매 및 상품중개업(20개), 음·식료품 제조업(22개), 전자부품, 영상, 음향 및 통신장비제조업(32개), 제1차 금속산업(16개), 종합건설업(20개), 화합물 및 화학제품제조업(48개)이다.

[표 4-17]은 산업별 ERP 시스템 도입 전후 1년간에 있어서 ERP 시스템 도입이 재량적 발생액에 미치는 영향을 분석하기 위해 회귀분석을 실시한 후 이분산성을 통제한 white t값을 나타낸 것이다.[71]

[표 4-17] 산업별 ERP 시스템 도입이 DA에 미치는 영향 분석(도입 전후 1년)

Model 1: $DAi = \alpha\,0 + \beta\,1ERPi + \beta\,2TSAi + \beta\,3LEVi + \beta\,4SIZEi$ $+ \beta\,5OWNi + \beta\,6PCIi + \beta\,7LOSSi + \beta\,8OPINi + \mu\,i$								
업 종	E R P (예상부호 -)							
	CFODA		RANDA		TJDA		CJDA	
	회귀계수	t값	회귀계수	t값	회귀계수	t값	회귀계수	t값
고무 및 플라스틱제품 제조업	-0.001	-1.39***	-0.001	-0.41	-0.001	-1.06**	-0.001	-0.96**
기타 기계 및 장비제조업	-0.001	-0.89**	-0.001	-3.80***	-0.001	-2.05***	-0.001	-0.62*
도매 및 상품중개업	-0.001	-0.52*	-0.001	-1.36***	-0.001	-0.30	-0.001	-0.71*
음·식료품 제조업	-0.001	-0.50*	-0.001	-0.20	-0.001	-1.41***	-0.001	-1.51***
전자부품, 영상, 음향 및 통신장비제조업	-0.001	-1.97***	-0.001	-1.22**	-0.001	-1.72***	-0.001	-0.57*
제1차 금속산업	-0.001	-0.71*	-0.001	-2.04***	-0.001	-1.00**	-0.001	-1.89***
종합건설업	-0.001	-0.47	-0.001	-0.16	-0.001	-0.58*	-0.001	-0.89**
화합물 및 화학제품제조업	-0.001	-1.16**	-0.001	-0.75*	-0.001	-0.40	-0.001	-0.98**

주 1) ERP. 도입년도는 0으로 하고, 도입 후 +1년은 1로 한 더미변수. CJDA. 횡단면 수정 Jones모형에 의해 산출된 재량적 발생액. TJDA: 시계열 수정 Jones모형에 의해 산출된 재량적 발생액. CFODA: CFO모형에 의해 산출된 재량적 발생액. RANDA: Rangan모형에 의해 산출된 재량적 발생액.

주 2) ***, **, *는 각각 1%, 5%, 10% 유의수준에서 유의함을 나타냄(단측 검증).

---

71) 분산팽창계수는 최대가 1.38, 최소가 1.05인 것으로 나타나 다중공선성의 문제는 없었으며, 모형의 F-값도 최대가 2.37, 최소가 2.68로 나타나 모형 설정상의 문제도 없는 것으로 나타났다.

[표 4-17]에서 보는 바와 같이 ERP 시스템 도입으로 인해 재량적 발생액이 감소되는지를 현금흐름을 통제한 CFO모형에 의해 산출한 재량적 발생액에 대해 분석한 결과, 1% 유의수준에서 유의적인 감소를 나타낸 산업은 고무 및 플라스틱제품제조업, 전자부품, 영상, 음향 및 통신장비제조업, 화합물 및 화학제품제조업인 것으로 나타났다. 비유동발생액에 대해 Rangan모형으로 산출한 재량적 발생액에 대해 1% 유의수준에서 유의적인 감소를 나타낸 산업은 기타 기계 및 장비제조업, 제1차 금속산업, 도매 및 상품중개업인 것으로 나타났다. 또한 시계열 수정 Jones모형으로 산출한 재량적 발생액에 대해 1% 유의수준에서 유의적인 감소를 나타낸 산업은 기타 기계 및 장비제조업, 음ㆍ식료품 제조업, 전자부품, 영상, 음향 및 통신장비제조업 등인 것으로 나타났다. 횡단면 수정 Jones모형으로 산출한 재량적 발생액에 대해 1% 유의수준에서 유의적인 감소를 나타낸 산업은 음ㆍ식료품 제조업과 제1차 금속산업인 것으로 나타났다.

산업별로 살펴보면 고무 및 플라스틱제품 제조업에 도입된 ERP 시스템은 현금흐름을 통제한 CFO모형으로 산출한 재량적 발생액에 대해 1% 유의수준에서 유의적인 음의 영향을 미치고 있는 것으로 나타났다. 기타 기계 및 장비제조업은 유동발생액만을 대상으로 한 Rangan모형과 시계열 수정 Jones모형으로 산출한 재량적 발생액에 대해 1% 유의수준에서 유의적인 음의 영향을 미치고 있는 것으로 나타났다. 반면 종합건설업은 모든 모형에서 ERP 시스템 도입이 재량적 발생액 감소에 유의적인 영향을 미치지 않고 있는 것으로 나타났다. CFO모형, Rangan모형, 시계열 수정 Jones모형, 횡단면 수정 Jones모형에서 산출한 재량적 발생액에 대해 분석한 결과가 다르게 나타난 이유는 재량적 발생액의 측정에 있어 정확성을 기하기 위해 각기 다른 측정방법을 사용한 것에 기인한 것으로 판단된다.

*C*hapter 5   연구결과의 요약 및 한계

제1절 연구결과의 요약

제2절 연구의 한계

제1절 연구결과의 요약

우리나라 기업들은 그동안 회계정보의 신뢰성 확보와 기업경쟁력 제고를 위해 ERP 시스템을 도입하였으며, 이에 대한 성과도 나타나고 있다. 회계정보투명대상을 수상한 기업들 대부분이 ERP 시스템을 도입하고 있었으며, 이로 인해 회계정보의 신뢰성을 확보할 수 있었다고 한다. 이러한 ERP 시스템은 효율적인 경영관리가 가능해짐으로 인해 매출채권 회수기간 단축, 재고자산 회전율 증가 등의 효과가 있다. 이로 인해 경영자의 회계정보 조정 가능성을 미연에 방지하여 기업의 재량적 발생액을 감소시킬 수 있을 것이다.

본 연구에서는 이러한 견해에 입각하여 ERP 시스템 도입이 이익조정에 미치는 영향을 분석하였다. 분석방법은 도입년도와 도입 전 1년과 2년은 도입 전으로 하고, 도입 후 1년부터 3년까지는 도입 후로 하여 ERP 시스템 도입 전후의 이익조정에 대해 분석하였다. 시점별 ERP 시스템 도입 기업의 재량적 발생액에 대해 paired t-검증 결과 Rangan모형에서 산출한 재량적 발생액은 1% 유의수준에서 유의하게 감소하는 것으로 나타났으며, 횡단면 수정 Jones모형에서 산출한 재량적 발생액은 5% 유의수준에서 유의하게 감소하고 있는 것으로 나타났다. Wilcoxon-부호순위 검증에서도 paired t-검증에서와 같이 Rangan모형에서 산출한 재량적 발생액이 1% 유의수준에서 유의하게 감소하는 것으로 나타났으며, 횡단면 수정 Jones모형에서 산출한 재량적 발생액은 5% 유의수준에서 유의하게 감소하고 있는 것으로 나타났다.

회귀분석에서는 기존 이익조정에 관한 연구와 같이 이익조정 측정치로 재량적 발생액을 종속변수로 하였다. 재량적 발생액 측정은 CFO모형, Rangan모형, 시계열 수정 Jones모형 및 횡단면 수정 Jones모형을 이용하였다. 재량적 발생액에 영향을 미칠 수 있는 조세혜택, 부채비율, 기업규모, 대주주 1인 지분률, 유상증자 여부, 전년도 손실 여부 및 감사의견을 통제변수로 한 후 ERP 변수를 실험변수로 하여 회귀분석을 실시하였다. 분석 결과 ERP 시스템이 이익조정 감소에 영향을 미치는지에 대한 연구가설은 도입 전후 1년에 있어서 1% 유의수준에서 유의적으로 지지되었다. 즉, CFO모형, Rangan모형, 시계열 수정 Jones모형 및 횡단면 수정 Jones모형에서 산출된 재량적 발생액이 ERP 시스템을 도입한 1년 후가 도입하기 1년 전보다 유의하게 감소한 것으로 나타났다.

통제변수 중 TSA 변수는 CFO모형, 시계열 수정 Jones모형 및 횡단면 수정 Jones모형에서 재량적 발생액에 대해 유의적인 양의 영향을 미치는 것으로 나타났다. 이는 조세혜택이 클수록 이익조정을 많이 한다는 법인세 최소화 가설과 부합한다. LEV 변수는 시계열 수정 Jones모형 및 횡단면 수정 Jones모형에서 유의한 양의 방향을 나타내었다. LOSS 변수는 Rangan모형, 시계열 수정 Jones모형 및 횡단면 수정 Jones모형에서 산출된 재량적 발생액과 유의한 양의 방향을 보였다.

재량적 발생액에 영향을 미치는 일정 변수들을 통제한 후 ERP 시스템 도입 전후를 분석한 결과 ERP 시스템을 도입한 1년 후에 재량적 발생액이 감소하는 것으로 나타났다. 즉, ERP 시스템 도입으로 인해 이익조정이 감소될 수 있다고 할 수 있다. 본 연구의 결과는 현재 한국회계학회에서 시상하고 있는 투명회계대상기업들의 대부분이 ERP 시스템을 도입하고 있다는 것과 무관하지 않다. 또한 현재 한국공인회계사회에서 시행하고 있는 ERP 시스템 직무연수는 ERP 시스템의 효율적인 운영을 위해 매우 바람직한 현상이라고 판단된다.

제2절 연구의 한계

본 연구의 한계점으로는 선행연구에서 지적되어온 바와 같이 이익조정 측정의 정확성에 대한 문제가 있을 수 있다. 이를 극복하고자 선행연구에서 사용된 다양한 재량적 발생액 측정 모형을 최대한 반영하였다. 즉, 재량적 발생액을 측정하기 위해 CFO모형, Rangan모형, 시계열 수정 Jones모형 및 횡단면 수정 Jones모형을 이용하여 분석하였다. 이러한 재량적 발생액 측정 모형은 각 연구자들이 재량적 발생액 측정에 있어서 우월하다고 주장하는 모형들이지만 어느 모형이 우월한지는 아직 의견이 분분하다. CFO모형, Rangan모형, 시계열 수정 Jones모형 및 횡단면 수정 Jones모형에서 연구자들은 서로 다른 변수 및 측정방법을 사용하고 있어 결과에서도 다소 상이한 결론이 도출되었다. 향후 이익조정을 가장 많이 하는 계정과목을 실험적으로 조작한 후 이를 발견해내는 능력에 대해 각 모형을 통해 분석해봄으로써 어느 모형이 가장 우월한지에 대한 연구가 진행될 필요성이 있다.

또한 본 연구에서는 정확한 ERP 도입시점을 파악하고자 전화조사를 실시하였다. 전화조사를 실시하였음에도 불구하고 도입연도 외에 구체적인 도입 월에 대한 자료는 담당자 변경, 소관부서 이동 등으로 인해 파악하지 못했다. 도입 월에 대한 자료는 이익조정에 대한 영향을 분기별과 연말로 구분하여 파악하게 해 줄 수 있을 것으로 판단된다. 분기별 이익조정과 연말 이익조정은 외부감사를 받는 여부와도 관련이 있으므로 흥미 있는 결과가 도출될 것으로 기대된다.

참 고 문 헌

[1] 국내 문헌

고종권, "세율인하 및 최저한세와 이익조정", 세무학연구 제18권 제2호, 2001, pp.167-200.

공두진, "ERP 시스템의 성공요인이 재무적 성과에 미치는 영향", 동아대학교 대학원 박사학위논문, 2002.

김갑순, "세법상 기업조세혜택규정의 효과에 관한 연구", 세무학연구 제1권 창간호, 1998, pp.253-280.

김경규·박석원, "정보시스템 사용자 만족에 관한 실증 연구", 경영학연구 제26권 제1호, 1997, pp.93-113.

김권중·김문철·전중열, "신규 공개기업의 이익조정과 내부자거래", 한국증권학회 발표 논문집, 2001.

김동일, "ERP 시스템의 통합 프로세스 모델 평가", 산업경제연구 제10호, 1999, pp.265-282.

김명희·김준호, "ERP 시스템의 성과평가에 관한 실증적 연구", 경영교육논총 제31집, 2003, pp.217-236.

김성수·신예돈, "중소기업 ERP 시스템 구축 전략", 정보처리학회지 제6권 제5호, 1999, pp.64-72.

나영·장지인·박문기, "ERP 구축에 따른 기업의 성과측정", 대한경영학회지 제24호, 2000, pp.305-348.

나종길, "이익조작에 대한 경영자보상가설과 이익유연화 가설의 비교", 회계학연구 제21권 제4호, 1996, pp.47-66.

남천현, "ERP 환경하에서의 회계정보시스템 조망", 회계정보시스템연구 제1호, 1997, pp.83-107.

노규성, "ERP 패키지의 기능적 구성", 정보처리학회지 제6권 제5호, 1999, pp.38-47.

박영웅, "ERP 시스템 도입효과", 경영정보학 '97 추계학술대회 논문집, 1997, pp.251-265.

박춘래·김성민, "법인세율 인하와 이익관리", 회계학연구 제21권 제4호, 1996, pp.143-176.

배길수, "발생액 예측모형과 각 모형의 예측오차 비교", 회계학연구 제24권 제2호, 1999, pp.29-50.

백원선·최관, "이익조정과 법인세최소화 동기", 회계학연구 제24권 제1호, 1999, pp.115-139.

윤순석·이건열, "유상증자기업의 이익조정", 회계학연구 제26권 제4호, 2001, pp.1-25.

이상철·이경태, "감사위원회 도입이 이익조정에 미치는 영향", 회계학연구 제28권 제3호, 2003, pp.143-172.

임춘성, "소프트웨어 산업혁명: ERP 현황과 발전방향", 소프트웨어 산업 통권 제29호, 1997, pp.49-53.

장영수·김준호, "ERP 시스템의 회계정보시스템 성과평가에 관한 실증적 연구", 경영교육논총 제28집, 2002, pp.437-456.

장지인·배길수·전영순, "우리나라의 회계투명성에 대한 재조명", 회계저널 제11권 제3호, 2002, pp.1-36.

장휘용, "부실기업표본을 이용한 우리나라 상장기업의 회계조정행위 분석", 회계학연구 제22권 제4호, 1997, pp.61-90.

정희연·정연주, "경영혁신을 위한 ERP와 미래기업 경영", 정보처리학회지 제6권 제5호, 1999, pp.163-172.

조남재·유용택, "ERP 패키지 도입특성에 관한 연구", 경영정보학 '98 추계학술발표대회 논문집, 1998, pp.353-364.

최관·김문철, "신규상장기업의 이익조정에 관한 실증적 연구", 회계학연구 제22권 제2호, 1997, pp.1-27.

최관·백원선, "유상증자기업의 이익조정에 관한 실증적 연구", 회계학연구 제24권 제4호, 1999, pp.1-27.

한영희, "ERP 시스템의 세무정보 효과에 관한 연구", 경영교육논총 제28집, 2002, pp.467-482.

황재훈·이선로, "ERP 시스템 구축 및 효과에 관한 연구", Journal of Information Technology Application & Management, 2002, pp.47-56.

[2] 외국 문헌

Bartov, E., F. Gul, and J. Tsui, "Discretionary Accruals Models and Audit Qualifications", Journal of Accounting Economics 30, 2001, pp.99-126.

Debra, J. and L. Shivakumar, "Cross-Section Estimation of Abnormal Accruals using Quarterly and Annual Data-Effectiveness in Detecting Event-Specific Earnings Management", Accounting and Business Research 29(4), 1999, pp.1-35.

Dechow, P., D. Sloan, and A. Sweeney, "Detecting Earnings Management", The Accounting Review 70 April, 1995, pp.193-225.

Defond, M. and J. Jiambalvo, "Debt Covenant Violation and Manipulation of Accruals", Journal of Accounting and Economics 17(January), 1994, pp.145-176.

Gaver, J., L. Gaver, and J. Justin, "Additional Evidence on the Association between Income Management and a Earnings-Based Bonus Plans", Journal of Accounting and

Economics January, 1995, pp.3-28.

Hansen, R. and S. Sarin, "Is Honesty th Best Policy? An Examination of Security Analyst Behavior around Seasoned Equity Offerings", **working paper**, Virginia Polytechnic Institute and State University, 1996.

Harris, D., "The Impact of U.S Tax Law Revision on Multinational Corporations' Capital Location and Income-Shifting Decision", *Journal of Accounting Research* 31(Supplement), 1993, pp.111-140.

Hayes, D., J. Hunton, and J. Reck, "Market Reaction to ERP Implementation Announcements", *Journal of Information Systems* 15(1) : 2001, pp.3-18.

_____, "Information Systems Outsourcing Announcements: Investigating the Impact on the Market Value of Contract Granting Firms", *Journal of Information Systems*, 14(2) : 2000, pp.22-35.

Healy, P. and J. Wahlen, "A Review of the Earnings Management Literature and its Implications for Standard Setting", *Accounting Horizon* 13, 1999, pp.365-384.

Healy, P., "The Effect of Bonus Schemes on Accounting Decisions", *Journal of Accounting and Economics* 7(April), 1985, pp.85-107.

Holthausen, R., R. Larker, and R. Sloan, "Annual Bonus Schemes and the Manipulation of Earnings", *Journal of Accounting and Economics January*, 1995, pp.29-74.

James, E., A. McEwen, and W. Benson, "The Reaction of Financial Analysts to Enterprise Resource Planning (ERP) Implementation Plans", **working paper**, 2003.

Jones, J., "Earnings Management during Import Relief Investigation", *Journal of Accounting Research* 29(Autumn), 1991, pp.193-228.

Laytham, K., "IT Infrastructure Methodology of ERP Systems", *Worldclass ERP*, Track-A: A010, 1997, pp.80-95.

Lopez, T., P. Regier, and T. Lee, "Identifying Tax -Induced Earnings around TRA 86 as a Function of Prior Tax-Aggressive Behavior", *Journal of the American Taxation Association* 20, 1998, pp.37-56.

Matsunaga, S. and C. Park, "The Effect of Missing a Quarterly Earnings Benchmark on the CEO's Annual Bonus", *The Accounting Review* 76(July), 2001, pp.313-332.

McNichols, F., "Research Design Issues in Earnings Management Studies", *Jornal of Accounting and Public Policy* 19, 2000, pp.313-345.

Rangan, S., "Earnings Management and the Performance of Seasoned Equity Offerings", *Journal of Financial Economics* 50, 1998, pp.101-122.

Rees, S. and R. Gore, "Studies on Recognition, Measurement, and Disclosure Issues", *Journal of Accounting Research* 34, 1996, pp.157-169.

Scholes, M., G. Wilson, and M. Wolfson, "A Firm's Responses to Anticipated Reductions in tax rates: The Tax Reform act of 1986", *Journal of Accounting Research* 30(Supplement), 1992, pp.161-185.

Shivakumar, L., "Earnings Management around Seasoned Equity Offerings", **Working paper**, London Business School, 1999.

_____, "Essays Related to Equity Offerings and Earnings

Management", *Dissertation*, Vanderbilt University, 1996.

Sloan, R., "Do Stock Prices Fully Reflect Information in Accruals and Cash Flows about Future Earnings?", *Accounting Review* 71, 1996, pp.289-315.

Sweeney, A., "Debt-Covenant Violations and Manager's Accounting Responses", *Journal of Accounting and Economics* 17(May), 1994, pp.281-308.

Wilkie, P., "Empirical Evidence of Implicit Taxes in the Corporate Sector", *Journal of American Taxation Association* 14(Spring), 1992, pp.97-116.

제Ⅱ부

초고속무선인터넷(WiBro) 정보시스템

*C*hapter 6   WiBro란?

"우리나라 이동통신 시장이 3.5세대(G)로 업그레이드되면서 무선초고속인터넷을 놓고 새로운 경쟁이 시작됐다. 음성통신에서 데이터통신으로 발전한 HSDPA(초고속데이터통신)와 데이터 중심의 휴대인터넷 와이브로(WiBro)의 격돌이 불가피해진 것이다. KTF는 30일부터 수도권 등 전국 50개 도시에서 3.5G HSDPA 서비스를 일제히 상용화한다고 28일 밝혔다. 지난달 SK텔레콤에 이어 KTF까지 HSDPA를 상용화하면서 국내 이통서비스는 '듣는 전화에서 보는 전화' 시대로 접어들었다. 이와 함께 KT와 SK텔레콤이 제한적이기는 하지만 와이브로를 오는 30일부터 세계 처음으로 상용화함으로써 HSDPA와 와이브로는 이통서비스 시장의 주도권을 놓고 첨예한 경쟁 레이스에 돌입했다. 통신업계 고위 관계자는 "본격적인 3.5G 이동통신서비스가 잇따라 세계 처음 상용화되는 것으로, 우리나라 이통 시장은 3.5G로 급속 전환되는 한편 이동전화 간 경쟁에서 무선초고속인터넷 중심의 새 시장을 놓고 서비스 간 경쟁이 벌어질 것"으로 예상했다. 이와 관련 HSDPA는 음성통신망에 기반하고 있으나, 데이터 통신 다운로드 속도를 이론적으로 14Mbps까지 제공해 휴대폰을 통한 소비자들의 데이터통신 욕구를 해소시킬 수 있다는 측면에서 와이브로와 충돌이 불가피하다. 특히 SK텔레콤에 이어 KTF가 본격적으로 상용화에 나섬에 따라 이동통신망에 기반을 둔 데이터통신 주도권 경쟁이 본격화할 전망이다. 이에 맞서 와이브로는 다운로드 속도가 20Mbps, 업로드 속도가 5Mbps에 이르는 초고속무선인터넷 서비스를 앞세워 3.5G 이통서비스 시장에서 치열한 격돌을 벌일 것으로 보인다. 통신전문가들은 HSDPA와 와이브로가 일정

부분 수요가 충돌할 수 있지만, HSDPA가 음성 기반의 이동통신망의 장단점을 갖고 있는 점과 와이브로가 초고속데이터 기반의 망 특성을 갖고 있는 점을 들어 상호 보완재로서 역할을 할 것이라는 전망도 내놓고 있다."[72]

이에 기존 유선 중심으로 구축된 회계정보시스템도 상당한 영향을 받을 것으로 예상된다. 즉, WiBro 서비스는 초고속무선데이터통신을 지원함으로써 무선회계정보시스템을 구축 가능하게 하여 사무실이라는 제약요건을 극복하고 다양한 장소에서 실시간으로 회계정보를 입력할 수 있게 하여 한층 정확한 회계정보를 산출할 수 있게 할 것이다. 이에 WiBro 서비스로 할당된 2.3GHz 대역의 주파수사용료를 회계학적인 관점에서 분석하여 WiBro 서비스가 정착하는 데 간접적인 도움을 주고, 관련 이해관계자들에게 도움을 주고자 한다.

2.3GHz대역에서 KT는 전체 20MHz(2300~2310MHz, 2370~2380MHz)를 할당받았고, 하나로 통신은 전체 40MHz(2310~2330MHz, 2380~2400MHz)를 할당받았다. 그 후 2.3GHz에 대한 활용이 미흡하자 정통부는 2.3GHz대역의 활용성을 높이기 위해 2.3GHz대역 WLL주파수를 무선LAN 용도로 전용하려고 하였으나, 무선LAN 이외에도 cdma2000 1x나 IMT2000 등의 용도로 2.3GHz대역을 보유해야 한다는 주장이 내부에서 제기되자 이러한 내부 방침을 유보하고 이 대역 활용방안을 전면 재검토하기로 했다.[73] 정통부는 2.3GHz대역 활용방안에 대한 연구팀을 재구성,

---

72) e-Biz마케팅 전략, 2006년 6월 29일.

73) 전자신문, 2001. 09. 05.

무선LAN 외에 IMT2000이나 cdma2000 1x 등 다양한 용도를 검
토하기로 했다. 정통부는 최근 무선LAN이 초고속무선데이터통신
기술로 각광을 받으면서 통신 사업자들이 무선LAN을 통신서비
스에 도입하려는 움직임을 보이자 무선LAN이 사용 중인 2.4GHz
대역 외에 활용이 미진한 2.3GHz대역을 무선LAN용으로 재배치
하는 방안을 추진해 왔다. 그러나 무선인터넷 이용인구가 갈수록
늘어남에 따라 cdma2000 1x나 향후 IMT2000서비스를 위한 주파
수 확보 차원에서 2.3GHz대역의 무선LAN 전용을 유보해야 한다
는 논리가 설득력을 얻고 있는 것으로 보인다.

따라서 2.3GHz의 활용방안 모색, 판매가치 산정, 사업자당 할
당 주파수 대역 결정, 가입자 및 시장규모 전망, 적정 주파수사용
료 결정 등에 관한 연구가 불가피하게 되었다. 특히 정보통신기
술의 눈부신 발전은 전파스펙트럼의 수요를 급격하게 증가시켰으
며, 앞으로는 지금까지보다도 더욱 빠른 속도로 증가될 것으로
전망되고 있다. 한국도 예외는 아니어서 최근 들어 전파스펙트럼
에 대한 수요가 급격하게 증가하고 있다. 이러한 성장은 다양한
서비스를 제공할 수 있는 기술개발과 경제성장에 의해 촉진된 이
동통신서비스에 대한 수요의 급격한 성장에서 기인되고 있다. 이
미 일부 대역에서는 수요가 공급을 초과하고 있으며, 가까운 장
래에는 다른 대역에서도 유사한 상황이 발생될 것으로 전망되고
있다. 따라서 현재와 미래의 효율적인 전파스펙트럼의 사용을 촉
진할 수 있는 메커니즘의 도입이 필요하게 되었다. 뿐만 아니라,
전파스펙트럼의 수요가 증가함에 따라 관리당국의 관리비용도 급
격하게 증가되어 재정 부담이 가중되고 있으며, 무선통신 및 정

보통신 분야의 발전을 촉진하기 위해서는 막대한 연구 및 개발투자가 요구되는데 이에 필요한 자금의 확보가 필요한 상황이다.

이러한 정책적 필요성에 의해서 우리나라는 1993년부터 전파사용료제도를 도입 운영하고 있다. 그러나 도입 당시부터 전파사용료의 성격이 명확하게 설정되지 않아 운영상 여러 가지의 문제점이 노출되고 있다. 전파 세입－세출 간의 과다한 격차 및 격차의 확대는 전파사용료 납부자들의 저항을 유발하고 있으며, 무선국 간 전파사용료 부담의 공평성 위배, 일부 무선국의 이용활성화 제약 등 여러 가지 문제점이 대두되고 있다. 이에 본고에서는 2.3GHz에 관련된 연구 중 2.3GHz 사용료를 산정하고, 전파사용료에 관한 법규 및 운영상의 문제점 및 이에 대한 개선방안을 모색하고자 한다.

Chapter 7 전파자원의 관리와 전파사용료

제1절 전파자원의 관리

전파스펙트럼은 그 자체가 갖는 본질적인 물리적 특성과 경제적 특성 등으로 인하여 희소한 자원으로 분류되고 있으며, 이에 따라 여타의 자원과 마찬가지로 관리가 필요하다. 그러나 전통적으로 전파의 관리는 경제적 메커니즘이 아닌 관리당국의 행정적인 절차에 의해서 관리되어 왔다. 대부분의 국가에서 채택하고 있는 현행의 행정적 관리방식의 골격은 무선간섭(Interference)의 최소화라는 필요성에 의해서 만들어졌다. Coase(1959)는 동일채널무선간섭, 인접채널무선간섭, 스퓨리어스 방출무선간섭 등 세 가지 종류의 무선간섭을 구분하고 있지만, 어떠한 종류의 무선간섭이 발생하든 수신기는 여러 가지의 정보를 동시에 수신하게 됨으로써 그 내용은 이해할 수가 없게 되고, 전파는 낭비되는 결과가 된다. 따라서 사용 가능한 전파에 비하여 수요가 크지 않았던 초기의 관리는 이러한 서로간의 무선간섭이 극소화되도록 함으로써 무선품질을 유지토록 하는 것이 기본목표가 되었다.

무선간섭의 최소화라는 공학적 문제는 기술적인 접근이 요구되기 때문에 관리당국은 전파관리를 크게 주파수의 할당(Allocation), 주파수의 지정(Assignment), 지정 후 사용단계에서의 관리 등 크게 3단계로 나눈 뒤 각 단계에서 적절한 기술적 기준을 행정적으로 결정하여 설정하고, 그것이 지켜지도록 행정적으로 관리해 왔다. 이러한 행정적 관리방식은 전파에 대한 수요가 크지 않았던 시기에는 매우 효과적인 관리방식이었다. 그러나 수요가 급속하

게 증가하여 여러 대역에서 혼잡성의 문제가 부각되고, 관리의
목표가 과거의 공학적인 문제에서 경제적인 문제로 그 무게의 중
심이 이동하게 됨으로써 관리상 여러 가지 실패가 발생하게 되었
다. 이러한 실패는 관리당국에 재정 부담 가중 및 부담의 형평성
저해, 전파의 비효율적 배분 및 사용, 전파의 희소성 왜곡, 관련
서비스 분야의 경쟁 왜곡, 의사결정의 경직성과 시간소요로 인한
기술혁신의 장애 등 전파관리에 많은 문제점을 야기하고 있다.

　이러한 문제점을 해결하기 위해서는 종전의 행정적 관리방식에
서 탈피하여 관리기능에 경제적 메커니즘의 도입이 필요하다. 전
파관리의 핵심 및 지적된 문제점들이 경제적인 문제임을 인식할
때 그 문제에 대한 해결방안 역시 경제적인 관점에서의 접근이
필요하기 때문이다.

제2절 사용자가격의 경제학적 의미

　사용자가격(User fee, User charge)은 정부부문에 의해 제공되
는 특정의 재화나 서비스의 수이자에게 해당 재화나 서비스의 기
회비용을 사용료, 수수료, 부담금, 불하가격 등의 형태로 부담시
키는 것으로 정의된다. 즉, 수익자부담의 한 형태로서 정부에 의
해서 생산되는 재화나 서비스에 대한 반대급부로서 수익자로부터
해당 서비스의 경비나 재화의 가치를 부담시키는 것을 뜻한다.
정부는 민간부문을 대신하여 다양한 재화나 서비스를 국민들에게

제공하고 있다. 이러한 정부부문의 개입은 주로 시장 실패를 치유하기 위하여 이루어지는데 크게 3가지의 성격으로 구분할 수 있다. 공공소유 자원에 대한 권리나 특권의 배분, 외부효과의 관리, 공공재 및 준공공재 성격의 재화나 서비스의 생산, 공급 등이 그것이다. 본 절에서는 전파사용료와 관련을 갖는 공공소유 자원에 대한 권리나 특권의 배분을 중심으로 살펴보도록 하겠다.

정부가 제공하는 서비스 중 공공소유나 정부관리하에 있는 재화, 혹은 자원들을 판매, 임차, 면허 등의 형태로 민간부문에게 배분해주는 것이 있다. 예를 들어, 천연자원의 개발이나 채굴 등에 관한 권리, 전파스펙트럼 사용권리, 공공소유 부동산 등의 배분이 이에 속하게 된다. 이러한 정부의 활동은 본질적으로 독점적 성격을 갖는 경우가 많다. 정부가 법률상 독점력을 갖게 되는 경우 민간기업가들에게는 상당한 가치가 되는 자산을 정부가 관리하게 된다. 그와 같은 경우에 있어서 자원의 가치는 그것을 사용 가능하게끔 하는 데 소요되는 비용을 초과할 수도 있을 것이며, 정부의 차원에서 본다면 그와 같은 권리를 민간부문에게 배분해 줌으로써 발생되는 이득은 순수이윤 즉, 경제적 지대(economic rents)가 된다.

만일 정부가 민간사용자에게 상당한 가치가 되는 자원을 무료로 제공한다면 그러한 자원에 대한 수요가 엄청나게 증가할 것이며, 이를 배분하기 위해서는 비가격 할당방식을 적용해야 하기 때문에 자원의 비효율적 배분을 유발하게 될 것이다. 뿐만 아니라, 무료로 자원을 배분받은 사용자들은 자원을 비효율적으로 사용하게 됨으로써 사회적으로 자원이 낭비되는 결과를 가져오게 된다. 따라서 자원의 효율적 배분 및 효율적 사용을 촉진하기 위해서는 사용자들에게 사용자가격을 부과함으로써 자원의 배분 및 사용에 가격기능이 도입되어야 할 것이다.

이러한 경우 사용자가격은 얼마만큼의 수준이 되어야 하며, 어떻게 결정되어야 하는가? 허가와 면허 등과 같은 제한된 권리나 특권에 대하여 사용자가격을 부과하는 데 있어서 우선적으로 고려해야 할 요소는 그러한 권리 혹은 특권이 가능하게끔 하는 데 소요되는 정부의 비용이다. 그러한 비용에는 검사비용, 관리비용, 행정비용 등이 포함되게 된다. 사용자가격을 설정하는 데 있어서 고려해야 할 또 다른 요소는 배분과정에서 발생되는 경제적 지대이다. 만일 사용자가격을 부과하지 않는다면 이러한 경제적 지대를 사용자에게 무료로 이전하는 결과가 된다. 경제적 지대를 고려한 사용자 자격은 경제적 지대의 가치를 반영하기 때문에 자원의 효율적 배분뿐만 아니라, 사용자들에게 자원의 효율적 사용을 촉진하게 된다. 또한 권리나 특권에 대한 보다 효율적인 관리를 통하여 정부는 국민들을 위하여 경제적 지대에 대한 공정한 몫을 요구할 수 있게 된다.

정부가 재화나 자원을 임대 혹은 판매를 할 경우 사용자가격은 시장가격에 근거하여야 할 것이다. 수요가 충분할 경우에는 시장가격이 경매방식(auction, competitive bidding)을 통하여 결정되거나, 정부에 의해서 제공되는 유사한 재화나 자원의 경쟁 시장에서 결정되는 가격 등을 근거로 하여 결정될 수 있게 된다. 그러나 수요가 충분하지 않거나 경매방식 등의 적용이 적합하지 않은 경우에는 정부에 의해서 제공되는 동일하거나 매우 유사한 재화나 자원에 대하여 결정되는 가격을 기준으로 하여 수급상의 불균형이 발생되지 않는 수준이 되도록 행정적으로 산정되어야 할 것이다. 한편, 앞서 언급된 권리와 특권이 가능하게끔 하는 데 소요되는 비용은 경제적 지대의 가치에 포함되도록 할 수도 있고 별도로 사용자가격을 부과할 수도 있다. 별도로 사용자가격을 부과할 경우에는 한계비용가격방식이 바람직하나 실제 적용상의 여러 가지 한계점 등을 고려해 볼 때 관리비용을 회수하기 위한 평균비용가격방식이 적합할 것이다.

제3절 전파관리에서의 사용자가격(전파사용료)

1. 지정단계에서의 사용자가격

전파스펙트럼의 3단계 관리 중 주파수의 지정은 공공소유의 자원을 특정 사용자에게 면허 기간 동안 배타적으로 사용할 수 있는 권리를 부여해 주는 절차이기 때문에 사용자가격의 부과대상이 될 수 있다. 이것은 관리당국이 전파스펙트럼을 면허 기간 동안 임대하는 행위에 해당하기 때문에 사용자가격은 경제적 지대가 반영되어야 할 것이며, 정부의 재정수입 확보를 위한 수단이 아닌 전파스펙트럼의 경제적 관리수단으로 도입되어야 할 것이다.

전파사용료는 원칙적으로 수요가 충분할 경우에는 경매방식과 같은 시장기능을 통하여 결정되어야 할 것이다. 그러나 경매방식의 적용이 불가능하거나 적합하지 않는 경우와 기존의 사용자들에게 전파사용료를 부과할 경우에는 관리당국에 의해서 제공되는 유사한 전파스펙트럼의 경쟁 시장에서 결정되는 가격 등을 근거로 관리당국이 행정적으로 결정하여 적용하여야 할 것이다. 그러나 시장가격을 반영하는 전파사용료를 행정적으로 계산한다는 것은 현실적으로 매우 어렵다. 전파는 그 특성에 의해 주파수 대역, 사용시간, 서비스지역 등의 요인에 따라 그 가치가 크게 달라질 수 있는데 그러한 요인들을 모든 감안하여 행정적으로 계산해 낸다는 것이 매우 어렵기 때문이다. 뿐만 아니라, 잠재가격은 일정한 수준으로 고정되어 있는 것이 아니라 시장상황 등을 반영하여 계속하여 변동될 수 있기 때문에 이를 행정적으로 결정하여 부과한다는 것은 현실적으로 불가능하다고 할 수 있다. 이러한 어려움으로 인하여 현재 전파사용료제도를 도입하고 있는 국가들은 다양한 방식의 산정방식을 제안하고, 도입 운영하고 있다.

국제무선자문위원회(CCIR)는 전파스펙트럼의 효율을 사용된 전파에 대한 달성된 통신의 비율로 정의하고 있다. 이러한 정의를 따를 경우, 만일 어느 무선통신 시스템이 다른 시스템보다 적은 전파를 사용하면서 동일한 양의 통신을 달성하고 있다면 이 시스템은 다른 시스템보다 전파를 효율적으로 사용한다고 할 수 있을 것이다. 따라서 전파스펙트럼의 효율성은 스펙트럼의 사용을 줄일 수 있는 기술의 채택 또는 개발을 통하여 달성될 수 있다. 예를 들어, 이동무선전화 분야의 경우 전파의 효율성을 증가시킬 수 있는 여러 가지의 기술들이 있는데, 아날로그방식에서

디지털방식으로의 전환, 주파수 도약(frequency hopping) 기술의
사용, 보다 작은 셀(cell) 사용을 위한 기술, 이중모드(dual-mode)
기술의 도입, 다른 대역에서의 추가적인 전파사용기술 등이 그것
들이다. 그러나 이러한 기술의 도입은 현재의 전파비용에 비하여
상대적으로 많은 비용이 소요되기 때문에 현행의 행정적 관리방
식하에서는 그러한 기술들의 도입이 사용자들에게는 경제적인 선
택대안이 되지 못한다. 그러나 전파사용료가 부과된다면 전파의
비용은 증가하게 될 것이고, 이러한 변화는 사업자들에게 그들이
사용하는 전파스펙트럼의 효율성을 증가시킬 수 있는 기술의 도
입이나 개발을 유도하게 된다.

한편, 어느 주파수 대역에서 무선통신 시스템이 가능한 한 밀
집되게 배분되지 않거나, 혹은 유사한 물리적 특성을 갖고 있는
다른 주파수 대역들은 적체되어 있는 데도 어느 주파수 대역의
일부분은 사용되지 않고 있다면 전파는 비효율적으로 사용되고
있다고 할 수 있다. 따라서 자원의 효율적 배분을 통하여 사용의
효율성을 제고하기 위해서는 현행의 배분방식의 개선이 필요하
며, 다른 한편으로는 기술적으로 허용되는 범위 내에서는 광섬유
와 동축케이블과 같은 전파를 대체할 수 있는 대체 자원의 사용
을 유도하는 것이 필요하다. 전파의 기회비용을 반영하는 전파사
용료가 부과된다면 이것은 다음과 같이 사용자의 의사결정에 영
향을 주게 됨으로써 효율성을 개선시키게 된다. 첫째, 전파접속을
위한 면허신청 시 자신이 사용하고자 하는 전파에 대하여 자신이
부과하는 가치를 고려토록 한다. 둘째, 신청자에게 통신의 대체
수단을 고려해 볼 수 있도록 유인을 제공하게 된다. 셋째, 혼잡한

주파수 대역의 사용을 회피토록 하며, 기존의 사용자로 하여금 전파의 실제 필요량을 확인케 하고 잉여분이나 사장되어 있는 전파를 포기토록 하는 유인을 제공하게 된다.

2. 사용단계에서의 사용자가격

사용단계에서의 관리는 지정받은 전파스펙트럼을 무선간섭 없이 사용할 수 있도록 각종 관리서비스를 제공하는 것이기 때문에 서비스의 수혜자들로부터 사용자가격을 징수할 수 있게 된다. 그러나 이 경우는 관리당국이 모든 책임과 권한을 갖고 관리서비스를 제공하는 것이기 때문에 부과기준은 최소한 관리당국이 관련 서비스를 제공하는 데 소요되는 비용을 회수할 수 있는 수준은 되어야 할 것이다.

관리비용충당원칙을 적용하여 사용단계에서 사용자가격이 부과될 경우 일반적으로는 그 수준이 전파스펙트럼의 기회비용과는 큰 격차가 발생될 수 있기 때문에 사용단계에서의 사용자가격만으로는 전파관리정책으로 별다른 효과를 발휘할 수 없게 된다. 따라서 사용단계에서의 사용자가격은 전파스펙트럼의 경제적 관리수단으로 이용하기보다는 관리서비스를 사용자들에게 제공하는 데 소요되는 비용을 충당하기 위한 수단으로 이용하고, 관리정책 수단으로는 지정단계에서의 사용자가격을 적용하는 것이 보다 바람직할 것으로 판단된다.

Chapter 8   주요국의 전파사용료제도

제1절 영 국

영국의 전파사용료는 면허수수료제도로 운영되고 있는데, 부과에 대한 법적 근거는 무선전신법이다. 1998년 6월부터 발효되고 있는 Wireless Telegraphy Act 1998은 이전까지의 전파관리비용 충당을 위한 면허수수료제도에서 탈피하여 면허에 부여되는 주파수의 경제적 가치를 반영하여 면허수수료가 결정되도록 규정하고 있다. 이에 따라 영국의 면허수수료제도는 이전의 행정적 관리방식에서 탈피하여 전파관리에 시장메커니즘을 도입할 수 있는 법적 근거를 확보하게 되었다.

EU의 Licensing Directive 11.2항에 따라 영국의 전파관리당국은 주파수 가격화의 기본원칙을 전파사용료 수입의 극대화가 아니라 전파관리의 효율적 관리로 삼고 있다. 무선전신법에서는 주파수 가격화를 두 가지 형태로 도입하고 있다. 하나는 전파사용료가 경매방식과 같이 시장에 의해 직접적으로 결정되도록 하는 것이며, 다른 하나는 행정적 가격화로서 전파관리 기준에 근거한 규제에 의해 결정되도록 하는 것이다. 본 절에서는 행정적 가격화를 중심으로 논의하고자 한다.

경매방식에 의한 면허수수료의 산정은 일부분에 한하여 적용되고 대부분의 경우는 행정적 가격화에 의해 산정된다. 무선전신법 1998은 면허수수료 산정 시 다양한 전파관리 요소들을 고려하도록 요구하고 있는데 그것들은 다음과 같다.

첫째, 주파수의 가용성과 현재 및 예상되는 미래의 수요 간의 균형이 이루어질 수 있도록 하여야 한다.

둘째, 주파수의 효율적 사용과 관리, 주파수 사용으로부터의 경제적 이득, 혁신적 서비스의 발전, 경쟁촉진 등을 달성할 수 있도록 하여야 한다. 따라서 무선전신법은 주파수 가격화가 조세의 형태로서 사용될 수 없도록 하고 있다. 이와 함께, 무선전신법은 면허수수료는 재무부의 승인을 득하도록 요구하고 있다.

면허수수료의 행정적 가격화에 대한 제안에 의하면 전국 채널의 사용자와 매우 혼잡한 대역의 사용자는 과거보다 높은 수준의 면허수수료가 부과되겠지만 나머지 대부분의 소규모 사용자들은 과거와 거의 같은 수준이거나 이보다 낮은 수준의 면허수수료가 부과될 것으로 제안되고 있다. 또한 면허수수료가 인상된다고 하더라도 그 수준은 전파관리의 목표달성을 위한 수준 이상으로는 부과되지 않을 것으로 밝히고 있다.

한편, 주파수 가격화는 일부의 상황하에서는 적합하지 않기 때문에 선별적으로 적용될 것으로 알려지고 있다. 예를 들어, 주파수 가격화의 적용은 주파수 대역이 혼잡하지 않거나, 주파수 대역 및 대역폭 등 기술적 기준 등이 국제협약에 의해 강제적이 되거나, 사용자들이 가격신호에 반응할 수 없는 경우에 있어서는 적합하지 않을 것이다.

이제 보다 구체적으로 면허수수료가 행정적으로는 어떻게 산정되는가에 대하여 논의하여 보자. 영국의 면허수수료는 기본적으로 해당 주파수의 한계가치를 객관적으로 계량화하고자 한다. 행정적으로 산정하는 한 그 가치를 완벽하게 정확히 계산할 수 없어 해당 주파수의 진정한 가치에 대한 근사치일 수밖에 없겠지만 영국에서 접근하고자 하는 방법은 전파관리비용을 배분에 근거하거나 임의의 수수료 수입 목표에 근거한 다른 방식보다는 훨씬 개선된 방식이 될 것으로 평가된다.

이상적으로는 행정적 가격화는 주파수에 대한 수요와 공급이 균형을 이룰 수 있는 시장균형수준과 같은 수준이 되도록 산정되어야 할 것이다. 그러나 실제적으로는 이와 같은 수준의 면허수수료를 행정적으로 산정한다는 것은 거의 불가능할 것이다. 경쟁시장하에서 그와 같은 수준의 면허수수료는 한계비용을 한계이득과 같아지도록 한다. 이윤극대화를 추구하는 기업은 주파수를 사용함으로써 얻게 되는 한계이득이 한계비용과 일치하는 수준까지 사용하고자 할 것이기 때문에 전파관리기구는 사용자의 주파수 점유가 경제에 끼치는 비용을 반영할 수 있도록 면허수수료를 결정하여야 할 것이다.

면허수수료의 행정적 가격화는 3단계에 걸쳐 점진적으로 적용됨으로써 주파수 사용자들로 하여금 새로운 제도에 적응할 수 있는 기회를 제공해주고 있다. 행정적 가격화의 첫 번째 단계는 1998년 7월부터 시작되었는데 이동통신망의 면허수수료를 인상하고 Oe-site private business radio 사용자에 대한 면허수수료를 인하해 줌으로써 과거의 관리비용충당원칙하에서의 최악의 왜곡을 바로잡고자 하였다. 두 번째 단계는 1999년 7월부터 시작되었는데 1단계에서 시작된 행정적 가격화를 기타의 이동통신 분야와 점 대 점 고정링크에도 그 적용을 확대하고 있다. 전국망의 경우는 계속하여 면허수수료가 인상되지만 소규모 private business radio 사용자들은 혼잡한 지역을 제외하고는 계속하여 면허수수

료 인하의 혜택을 받게 된다. 세 번째 단계는 2000년 7월 방송국
을 포함한 다른 면허 종별에 그 적용을 확대하였다. 그러나 일부
방송프랜차이즈의 경우는 이전에 경매방식을 통해 진입하였기 때
문에 행정적 가격화의 적용에 새로운 쟁점이 되고 있다.

영국의 주파수 가격화 추진이 갖는 특징 중의 하나는 공공부문
에도 면허수수료가 부과된다는 점이다. 즉, 군대와 비상서비스 등
을 포함한 공공부문은 민간부문과 동등한 기준에 의해 면허수수
료가 부과된다. 영국도 다른 국가와 마찬가지로 공공부문은 한정
된 주파수의 주요 사용자이다. 예를 들어 9KHz-30GHz 대역에서
30% 이상의 대역이 국방의 용도로 점유 사용되고 있다. 따라서
공공부문도 주파수를 보다 효율적으로 사용할 수 있도록 유인되
어야 할 것이며, 이들에 대한 주파수 가격화의 적용은 민간부문
의 자발적 참여를 위한 핵심적인 요소가 된다.

제2절 미 국

1. 개 요

미국은 현재 할당단계에서뿐만 아니라, 할당 후 사용단계에서
도 사용료를 부과하고 있다. 이전에는 전파스펙트럼의 할당단계
에서는 어떠한 형태의 사용료도 부과하지 않았었고, 다만 1986년

부터 면허신청에 대한 행정처리비용 충당을 위한 심사수수료제도
만이 도입되어 있었다. 그러다가 1994회계연도부터 전파관리수수
료 성격의 규제수수료가 도입되어 전파스펙트럼의 관리에 소요되
는 비용을 충당하고 있으며, 할당단계에서는 1994년부터 PCS를
포함한 일부의 전파통신 사업자의 신규선정 시 경매방식을 도입
함으로써 해당 전파스펙트럼의 가격을 경매방식을 통하여 결정하
여 부과하고 있다. 할당단계에서의 전파사용료는 신규지정에만
적용되며 기존의 사용자에게는 부과하지 않고 있으며 행정적인
방식을 통한 가격산정은 적용하지 않고 있다.

2. 규제수수료

1) 도입배경 및 법적 성격

미국의 관리수수료제도 도입문제는 1991년도 예산편성 작업 때
부터 거론되기 시작하였다. 그러나 의회에서 일부 의원들의 반대
에 부딪쳐 제도의 도입이 지체되다가, 1993년 미 의회는 FCC로
하여금 규제대상이 되는 모든 영리사업자에 대하여 관리수수료를
징수할 수 있는 권한을 부여하였다.[74] 이에 따라 1994년 3월에
FCC는 관리수수료제도의 규칙 및 부과기준을 발표하였다. 전파
스펙트럼 사용자는 1994회계연도부터 기존의 심사수수료[75]에다

---

74) Omnibus Reconciliation Act(1993).

75) 1회 한도의 심사수수료제도는 1986년 이후 적용되고 있는데, 그 부과규
    모는 신청에 대한 행정처리비용을 기준으로 산정된다. 따라서 심사수수
    료 역시 규제수수료와 마찬가지로 희소자원의 사용에 대한 경제적 부과
    라고는 볼 수 없을 것이다.

새로운 관리수수료를 부담하게 된다.

　규제수수료는 FCC의 규제업무 수행에 소요되는 재원을 확보케 하고, 동시에 전파의 가치를 국민에게 되돌려 줄 수 있는 행정적 수단으로서 강조되고 있다. 통신법 9조 a항에 의하면 FCC로 하여금 규제활동, 정책수립, 사용자 정보서비스, 국제적 활동 등에 소요되는 연간비용을 충당하기 위하여 규제수수료를 징수토록 규정하고 있다. 따라서 규제수수료는 전파스펙트럼의 사용자를 위한 제반 활동에 필요한 비용을 충당하기 위한 제도이지, 스펙트럼의 사용자에게 희소한 자원의 사용에 대한 대가로서 희소성의 가치를 부과하는 것이 아니기 때문에 '전파스펙트럼의 가격'이라기보다는 '전파수수료'의 성격을 갖는다.

　규제수수료로 충당되는 FCC의 규제업무를 간략하게 정리하여 보면 다음과 같다.

　첫째, 관련 정책수립과 관련된 업무로서 공식 질의, FCC규정과 법규의 신설과 개정을 위한 작업진행, 규정작업에 대한 진정(탄원), 그리고 규정 해석 혹은 기권에 대한 요청 등에 관한 조치활동, 경제적 연구 및 분석, 스펙트럼계획 수립 및 모형 수립, 전파－무선간섭에 대한 분석, 할당, 무선장비 표준개발 등의 업무가 포함된다.

　둘째, FCC정책 및 규정의 집행업무이다. 이와 관련하여서는 FCC규정, 법규, 허가 등에 대한 집행 등이 포함되며, 이러한 업무에는 조사, 검사, 감시 및 제제 등도 포함된다. 또한, 일반 통신요금과 서비스에 관한 공식 및 비공식 불평의 접수 및 처리, 통신요금의 재심리, 수락 및 거부, 통신 사업자의 회계절차의 규정과 감사 등도 포함된다.

셋째, 공공정보서비스 업무이다. FCC의 결정, 활동, 그리고 관련된 업무 등에 대한 발표와 보급, 공공을 위한 조회, 문의서비스나 도서(선)관 서비스, FCC기록 및 데이터베이스의 복제 및 보급, 공공질의의 접수 및 처리, 소비자, 중소기업, 그리고 공공에 대한 지원 등이 포함된다. 기존의 심사수수료와 함께 규제수수료는 FCC의 규제업무 관련 관리비용에 충당된다. 그러나 심사수수료와 함께 규제수수료가 FCC의 수입으로 직접 귀속되는 것은 아니다. 규제수수료는 FCC의 지출과는 무관하게 징수하여 일반 회계에 편성된다. 따라서 FCC의 예산은 일반 예산 배분절차에 의해 결정된다. 한편, 신규전파스펙트럼의 할당 시 경쟁입찰로부터의 수입은 재무성의 일반 수입에 포함된다.

2) 부과대상 및 부과기준

규제수수료의 부과대상 범주 및 부과규모는 연방정부의 특별보조금, FCC의 규제업무에 관련된 비용과 규제성격의 변화 등을 반영하여 매 회계연도마다 수정되거나 조정될 수 있다고 규정하고 있다.

규제수수료는 CA-TV[76]를 포함한 FCC의 규제대상이 되는 모든 사업자에게 부과되는데, 크게 Cable TV, Broadcasts, Satellite, Common Carries, Wireless 등 크게 2개 하부그룹으로 구분하여

---

76) 미 의회는 CA-TV 사업자에게도 규제수수료를 부과하도록 규정하고 있는데, 이들에 대한 수수료는 대중매체서비스의 규제와 관련된 정부의 특별지출금을 회수하는 데 필요한 일부분으로 고려하고 있다.

부과하고 있다. 보다 구체적으로 규제수수료는 TV와 라디오 방송업자, CMRS[77] 사업자, Microwave와 민간 위성통신 사업자 등을 포함한 민간의 영리사업자에게 부과되며, 사업면허를 경매를 통하여 획득하였든 기존의 행정적 방식으로 획득하였든 관계없이 모든 면허소유자에게 부과된다. 그러나 FCC는 정부사용자, 비영리무선국, 비상업적 교육방송국, 아마추어 무선국, 소방서와 같은 공공무선국에 대해서는 규제수수료를 부과하지 않는다. 규제수수료는 매년 조정되고 있는데 통신법 9조(b)의 (2)와 (3)에 명시된 Mandatory Adjustment와 Permitted Amendments에 의해 조정되고 있으며, 이러한 규정은 규제수수료 산정의 일반 원칙을 제공하고 있다.

의회가 규제수수료로 충당해야 할 규모를 결정하면 FCC는 그에 따라 수수료의 부과규모를 결정하고 조정해야 하는데 이를 Mandatory Adjustment라 한다. 이에 대한 원칙은 다음과 같다. 의회가 규제수수료의 부과규모를 결정하면 FCC는 각 부과범주를 위한 규제활동, 정책 수립, 사용자정보서비스, 국제적 활동 등을 위하여 소요되는 모든 직접 및 간접비용을 근거로 각 부과범주로부터 충당해야 할 규제수수료의 규모를 결정한다. 각 서비스 범주 내의 개별 서비스그룹에 대한 수수료의 결정은 전 회계연도의 규제수수료와 추정된 면허인의 수(지불단위의 수)를 고려하여 결정한다. Mandatory Adjustments가 완료된 후 'Permitted Amendments'가 이루어지는데, 이 과정에서 FCC는 매년 규제수수료 납부자들에게 제공되는 이득과 관련되는 요소와 공공이득과 관련되는 요소들을

---

77) Cellular, PCS, SMR, Paging 등.

고려하여 최종적으로 수수료 기준을 조정한다.

개별 면허자에게 부과되는 규제수수료는 그가 속한 서비스그룹에 따라 달리 결정된다. TV와 라디오 방송국의 경우는 방송이 커버하는 지역의 인구와 방송신호의 질의 정도를 근거로 수수료 규모가 산정된다. 따라서 보다 많은 사는 지역에서 보다 질 좋은 방송신호를 송출할 수 있는 면허를 보유한 방송국에는 보다 높은 규제수수료가 부과되도록 설계되어 있다. CMRS에 대한 규제수수료는 해당 서비스에 대한 관리서비스 제공에 소요되는 비용을 충당할 수 있는 수준에서 결정된다. 또한, CMRS의 경우 셀룰러, PCS, SMR 등 상대적으로 넓은 대역폭의 주파수를 사용하는 서비스의 경우보다 높은 규제수수료가 부과된다.[78] Microave와 위성통신 등을 포함한 기타 서비스의 경우는 링크당 혹은 기지국당 고정된 금액의 수수료가 산정된다. 1994년 규제수수료제도가 도입된 이후의 징수액은 1994년의 58.7백만 달러에서 1998년의 162.5백만 달러로 크게 증가하였다. 이에 따라 FCC 예산 중 규제수수료로 충당되는 비율은 1994년의 40% 미만에서 1997년의 80%까지 증가하였으며, 1999년에는 규제수수료와 심사수수료를 통하여 FCC예산의 99%까지 확보를 목표로 하고 있다.

한편, 부과그룹별 관리수수료 부담비율은 동 제도가 도입된 이후 변동하고 있다. 방송국의 경우 규제수수료 부담은 1994년의 24%에서 1999년 15.4%로 감소하였다. 그러나 이동무선통신서비스 분야는 같은 기간 중 6.5%에서 14%로 증가하였다. 그러나 이

---

78) 예를 들어, 1999회계연도의 경우 셀룰러, PCS, SMR 서비스는 가입자당 $0.32의 규제수수료가 부과되나, Paging서비스의 경우는 $0.04가 부과됨.

러한 부담의 변동으로 인한 혜택은 전체 규제수수료 규모의 절대
액의 증가로 수혜되지 않았다. 규제수수료는 일반적으로 연간 수
수료로 부과되나 그 부과규모가 적은 서비스 그룹의 경우는 면허
기간 동안의 수수료를 합산하여 사전에 부과되기도 한다.

제3절 호 주

호주 정부는 1992년 9월 HORSCOTI[79] (1991)의 "전파스펙트럼
의 관리"라는 보고서의 정책적 제안을 받아들여 전파스펙트럼 관
리제도를 전면적으로 개편하였다. 개편된 관리제도의 법적 근거
는 전파통신법이며, 이는 1993년 7월 1일부터 적용되고 있다.

호주의 전파스펙트럼면허는 크게 'Spectrum License'와 'Apparatus
License', 'Class License'로 구성되는데, Class License를 제외하고
는 할당단계에서뿐만 아니라, 할당 후 사용단계에서도 사용자가
격을 부과하고 있다. 그러나 할당단계에서의 사용자가격은 면허
유형에 따라 경매방식 혹은 행정적인 방식으로 산정하고 있으며,
할당 후 사용단계에서의 사용자가격은 전파스펙트럼의 관리에
소요되는 관리비용을 충당하기 위하여 부과되고 있다.

---

79) HORSCOTI: House of Representatives' Standing Committee on Transport
Communications and Infrastructure.

1. 할당단계에서의 전파사용료제도

1) 'Spectrum License'에 대한 사용자가격

전파스펙트럼의 사용자가격은 대상 전파스펙트럼의 희소가치를 반영시키는 데 있다. 호주의 경우 'Spectrum License'에 대한 희소가치를 반영시킬 메커니즘으로 ACA가 택할 수 있는 대안으로 경매, 입찰, 고시가격, 협상가격 등을 제안하고 있다.[80] 보다 구체적으로, ACA는 경매나 입찰을 통한 면허배분이 이루어지지 않을 경우 협상된 가격메커니즘을 사용하는 것을 제안할 수 있다. 또한, 만일 경매나 입찰을 통한 방법뿐만 아니라 협상된 가격메커니즘을 통해서도 배분되지 않은 'Spectrum License'가 남아 있다면 ACA는 자신의 비용을 충당할 수 있는 사전에 결정된 가격으로 선착순으로 면허를 매매할 수 있다. 이와 같은 방식으로 배분되는 스펙트럼은 아무런 희소가치를 갖고 있지 않다는 것을 의미하게 된다.

전파통신법(1993)에 'Spectrum License'가 설정된 이후 첫 번째 면허가 501-505MHz(Lower band)와 511-515MHz(Upper band) 대역에서 적용되어 경매방식을 통하여 그 사용자가격이 결정되고 배분되었다. 호주의 전파스펙트럼 관리기구인 SMA의 Marketing Plan에 의해 대상대역은 17개 지역으로 구분한 뒤, 각 지역당 54씩의 lot으로 구분하여 총 918개 lot에 대하여 경매방식을 적용하였다. 동 대역에 대한 경매공고는 1996년 11월 7일에 했으며, 경

---

80) 전기통신법 60조.

매접수마감은 1996년 12월 10일에 이루어졌다. 적용된 경매방식
은 미국의 FCC가 처음으로 적용한 바 있는 동시다회전방식을 채
택하였는데, 경매의 시작은 1997년 2월 3일에 시작하여 64라운드
만인 1997년 3월 27일에 종료되었다. 호주 정부는 첫 번째
'Spectrum License'에 대한 경매를 통하여 $1,062,077의 재정수입
을 확보하였다.

2) 기존의 'Apparatus Licence'에서 'Spectrum Licence' 로 전환한 면허에 대한 전파스펙트럼의 사용자가격

전파통신법(1993)에는 'Spectrum Licence'가 적용되는 대역의
기존 면허자들은 전환수수료를 납부할 경우 기존의 'Apparatus
Licence'상의 요건에 근거한 'Spectrum Licence'를 획득할 수 있
도록 규정하고 있다. 전환허용의 의도는 모든 기존 면허자에게
전환의 기회를 제공하고자 하는 것이기 때문에 이와 같은 경우에
는 전파통신법에 명시된 경매나 입찰 등을 적용할 수는 없다. 그
러나 'Spectrum Licence'로 전환하고자 하는 사용자에게 전환수
수료를 부과함으로써 스펙트럼의 희소가치를 보상하고자 하는 것
은 정당하다고 할 수 있다. 만일 이들에게 이러한 사용자가격을
부과하지 않고 'Spectrum Licence'로 전환을 허용한다면 이들 사
용자는 전환된 'Spectrum Licence'를 매각하거나 전대함으로써
막대한 경제적 지대를 획득할 수 있기 때문이다. 면허전환에 대
한 전환수수료를 부과하기 위해 ACA가 선택할 수 있는 대안은
다음과 같다.

첫째, ACA는 경매나 입찰절차를 통하여 획득된 시장정보를 이

용하여 전환수수료 부과규모를 결정할 수 있다. 그러나 이러한 방법은 유사한 스펙트럼의 점유되지 않은 영역에 대하여 마케팅 계획에 따라 배분이 이루어진 후에나 적용할 수 있다는 단점을 갖는다.

둘째, 일부 대역에서는 모든 주파수가 이미 점유되어 있기 때문에 관련 시장정보를 획득할 수 없는 경우도 발생될 수 있다. 이러한 경우 ACA는 통상 'Spectrum Licence'의 면허 기간 동안 납부해야 할 면허수수료의 순 현재가치를 기준으로 하고 몇 가지 특수한 요인들을 반영하여 전환수수료를 산정한다.

셋째, 언급된 두 번째 방식으로 산정된 전환수수료가 'Spectrum Licence'로 전환을 준비하는 데 소요되는 비용을 충당하지 못하는 경우도 발생될 수 있을 것이다. 이와 같은 경우 ACA는 관련 비용을 충당할 수 있는 수준으로 전환수수료를 산정할 수 있도록 규정하고 있다.

3) 'Apparatus Licence'에 대한 사용자가격: 스펙트럼 접속세

'Apparatus Licence'는 종전과 같이 선착순의 방식에 의해서 배분되며, 사용하는 전파스펙트럼에 대한 사용자가격은 행정적으로 산정[81]하여 면허 기간 동안 면허수수료의 형태로 분할 납부토록 하는 방식을 채택하고 있다. Apparatus 면허수수료는 스펙트럼

---

81) 관리기구인 SMA는 1994년에 13개 지역의 190개 MDS(Multi-point Distribution Station)면허에 대하여 경매방식을 적용한 바 있다. MDS면허는 Spectrum License성격의 면허가 아니라 면허 기간 5년의 Apparatus Licence이었으나 가까운 장래에 Spectrum Licence로의 전환을 전제로 하여 경매방식을 적용한 사례이다.

접속세, 스펙트럼 관리유지수수료, 관리행정수수료 등 세 가지 수
수료[82]로 구성된다. 이 주에서 스펙트럼 접속세가 면허에 설정된
전파스펙트럼의 사적 적용에 대한 대가인 사용자가격의 성격을
갖게 되고, 스펙트럼 관리유지 수수료와 관리행정수수료가 사용
단계에서 부과되는 관리수수료의 성격을 갖는다. Apparatus License
에 대한 면허수수료는 1995년 4월 3일부터 적용되고 있다.

사용자들에게 부과되는 스펙트럼 접속세가 관리비용을 초과하
여 부과되는 근거는 다음과 같다. 전파스펙트럼은 값진 공공자원
이기 때문에 국민은 공공자원의 사적 사용에 대한 지대를 요구할
권리를 가질 수 있다는 견해이다. 정부기관을 통한 직접적인 금
전적 보상은 스펙트럼의 접속을 통해 얻게 되는 사용자의 이득에
대하여 보상하는 의미가 되는 것이다. 또한, 스펙트럼 접속세는
주파수의 할당도구가 되기도 한다.

Apparatus License에 대하여 지정 및 지정 후 사용단계에서 사
용료를 부과하는 것은 다음과 같은 정책적 목표를 갖는다.

첫째, 부담의 형평성 제고이다. 사용자들은 그들이 유발하는 비
용을 부담하고, 접속세는 적용되는 공식에 따라 일관성 있게 부
과되기 때문에 전파스펙트럼의 사용자 간에 형평성이 크게 제고
될 것을 예상한다.

둘째, 투명성 확보이다. 면허수수료의 부과기준이 모든 이해당
사자들이 쉽게 이해할 수 있다는 측면에서 투명성이 확보될 것으
로 기대한다.

셋째, 주파수의 배분과 사용에 있어서의 효율성 증진이다. 스펙

---

82) 실제로 모든 수수료는 The Tax Acts에 근거하여 부과되는 조세이다.

트럼 액세스의 양과 위치에 근거한 스펙트럼 접속세는 보다 적은 스펙트럼을 사용하게 될 장비와 기술의 개발을 촉진할 것으로 기대한다.

한편, 면허수수료(스펙트럼 접속세＋관리유지수수료＋행정수수료)는 경매수입 등 기타의 수입과 함께 정부의 통합된 세입의 일부분으로 편성된다.

스펙트럼 접속세를 산정하기 위해 사용되는 공식은 모든 무선국에게 동일하게 적용된다. 사용자의 서로 다른 위치와 서로 다른 스펙트럼 액세스 양을 구분하고, 사용 채널폭과 통신범위를 고려하기 위하여 가중치를 도입하였다. 가중치는 대도시의 사용자와 보다 혼잡한 주파수 대역을 사용하는 사용자에게 보다 많은 수수료가 부과되도록 현재의 전파스펙트럼에 대한 수요 패턴을 이용하여 도출하였다. 이와 함께, 스펙트럼의 액세스 양이 증가함에 따라 수수료도 증가되도록 고려하였다. 결국, 호주의 스펙트럼 접속세는 앞에서 논의된 전파스펙트럼의 사용량과 상대적 희소성을 감안하여 행정적으로 계산되는 전파스펙트럼 사용자가격의 성격을 띠고 있다.

모든 'Apparatus License' 소지자에게는 스펙트럼의 위치, 지리적 위치, 주파수 점유 대역폭, 통신범위 등 4개의 파라미터를 부과요소로 하는 다음과 같은 산정공식에 근거하여 접속세가 부과된다.

스펙트럼 접속세＝$k \times (s_i, g_i) \times d_i \times a_i$

k는 상수로서 모든 면허에 대하여 동일하게 적용된다. 이것은 ACA로 하여금 연방정부가 설정한 재정수입목표를 달성케 하기 위해서 적용되는데, 매년 회계연도마다 조정된다.

si는 사용하고 있는 주파수 대역의 위치로서 다음과 같이 8개 그룹으로 나누어 적용하고 있다.

① 0-30MHz, ② 30-70MHz, ③ 70-960MHz, ④ 0.96-2.69GHz,

⑤ 2.69-5GHz, ⑥ 5-8.5GHz, ⑦ 8.5-31.3GHz, ⑧ 31.3GHz 이상

gi는 주파수의 지리적 위치를 반영하는 변수로서 크게 다음과 같이 4개의 그룹으로 나누어 적용하고 있다. 1) Australia, 2) 고밀집지역(Sydney/Wollongong, Melbourne/Geelong, Brisbane/Gold Coast), 3) 중밀집지역(Adelaide, Perth, Newcastle), 4) 저밀집지역(여타 지역)

8개의 스펙트럼 위치에 따른 그룹과 4개의 지리적 위치에 따른 그룹을 이용할 경우 32개의 조합을 만들 수 있다. 각각의 조합에 할당된 면허에 따라 가중치가 부과된다. 이러한 방식을 이용할 경우 주파수 대역의 위치와 지리적 위치가 고려되어 상대적 희소성의 정도를 측정할 수 있게 된다. 가장 높은 가중치는 '10'이 되고 다른 조합에서의 가중치는 10보다 작은 수치가 부여된다. 32개 조합에 대한 가중치는 다음의 [표 8-1]과 같다. 한편, 각 가중치는 스펙트럼 액세스의 밀집도 변화에 따라 매년 조정된다.[83]

---

83) [표 1]은 1999년 5월부터 적용되는 기준임.

[표 8-1] 스펙트럼 위치와 지리적 위치의 조합에 따른 가중치

스펙트럼 위치(si)	지리적 위치(gi)			
	Australia	고밀집지역	중밀집지역	저밀집지역
0-30MHz	2.157	2.157	2.157	2.157
30-70MHz	9.747	3.807	2.025	0.437
70-960MHz	10.000	4.902	2.243	0.421
0.96-2.69GHz	9.985	2.241	1.036	0.521
2.69-5GHz	9.974	1.853	0.751	0.537
5-8.5GHz	8.421	1.557	0.725	0.330
8.5-31.3GHz	5.111	1.336	0.316	0.023
31.3GHz 이상	1.012	0.539	0.117	0.004

d_i는 점유 주파수의 대역폭으로 10개의 그룹으로 구분된다.

① 0-36KHz, ② 36-200KHz, ③ 200-500KHz, ④ 500-2,000KHz,
⑤ 2 -7MHz, ⑥ 7-14MHz, ⑦ 14-28MHz, ⑧ 28-50MHz,
⑨ 50-200MHz ⑩ 200MHz 이상

스펙트럼 접속세를 산정하기 위한 공식에 적용 시 위 그룹의 중간점을 이용한다. 예를 들면, 25KHz의 채널폭을 이용한 무선서비스의 경우 공식에서는 '0'과 '36'의 중간인 18KHz가 공식에 적용된다. 사용 채널폭이 가장 높은 그룹에게는 350MHz가 접속세 산정공식에 적용된다.[84]

a_i는 통신범위를 정하는 변수로서 크게 국지적과 아주 국지적 등 2개의 그룹으로 구분되어 공식에 적용된다. 국지적 그룹에 포

---

84) 점유 주파수의 폭을 연속적으로 적용하기보다는 Grouping하는 방식을 택한 것은 수수료의 경우의 수를 줄이고, 수수료의 명세를 단순화하기 위함이다.

함되는 면허의 가중치는 '1'이 되며, 대부분의 서비스에 적용된다. 아주 국지적 그룹은 송신기의 출력이 1watt 이하이거나, 서비스가 단일 건물에 제한되는 경우가 되며, 가중치는 '0.1'이 적용된다.

스펙트럼 접속세는 무선국의 분류에 근거하여 결정되지는 않는다. 그러나 다음과 같은 이유로 무선국을 19개의 무선국으로 분류하여 스펙트럼 접속세를 산정하고 있다.

첫째, 개별 주파수의 할당을 하지 않는 면허의 경우 스펙트럼 접속세는 총 배분된 스펙트럼 액세스에 근거하여 계산되고, 각 면허자의 부담은 전체 부담을 면허자 수로 나눈 값이 된다. 이 경우에는 면허자가 사용하는 무선기기의 종류와 면허자의 지리적 위치에 관계없이 사전적으로 결정된다.

둘째, 고정서비스를 위한 면허의 접속세는 위의 산정공식이 적용되기는 하지만, 이들 서비스의 경우는 송신의 방향성에 의하여 스펙트럼을 상대적으로 효율성 있게 사용하기 때문에 다른 서비스를 위한 면허보다 낮은 접속세가 부과된다.

셋째, 육상이동시스템, Narrowband Area Service, 무선호출시스템의 하부무선국은 다른 사용자와 마찬가지로 위에서 언급된 공식에 근거하여 접속세가 산정된다. 그러나 이러한 서비스가 제공되는 주파수 대역의 수요는 특별히 크기 때문에 이를 감안하여 접속세는 산정공식에 근거하여 산출된 수준보다 높게 부과된다.

넷째, 방송서비스와 MDS, PMTS[85] 면허는 위의 스펙트럼 접속세 산정공식이 적용되지 않는다. 방송서비스의 경우는 전파통신

---

85) MDS: Multipoint Distribution Station(다지점분배국)
   PMTS: Public Mibile Telecommunication Service(공중이동통신서비스).

법이 아닌 방송법에 의해 면허가 발급되고 있으며, MDS와 PMTS는 스펙트럼 접속세 도입 시 이미 면허 기간 동안의 면허 수수료를 납부하였기 때문에 접속세 산정공식을 적용하지 않았다.

2. 사용단계에서의 전파사용료제도

앞에서 언급하였듯이 Apparatus 면허수수료의 세 가지 구성 중 스펙트럼 관리유지 수수료와 관리행정수수료가 사용단계에서 부과되는 관리수수료의 성격을 가지며, 관리비용 충당을 위하여 그 규모가 결정된다. 관리행정수수료는 전파스펙트럼 관리의 직접비용을 충당하며, 면허 발급에 대한 수수료, 면허 갱신에 대한 수수료, 면허수수료 분할납부를 위한 절차에 대한 수수료가 포함된다. 관리유지수수료는 호주의 관리기구인 ACA의 간접관리비용을 충당하기 위한 수수료로서 간접관리비용에는 국제협력, ITU 회원자격유지,[86] 국내주파수계획, 무선간섭감시 및 조사, 전파스펙트럼 관리정책수립 등에 소요되는 비용이 포함된다. 한편, 1996년까지는 전자파가 인체에 미치는 영향 등에 관한 연구에 관한 활동은 전파관리수수료로 충당하지 않았었는데 1997년부터 이를 위한 비용도 전파관리수수료로 충당하는 관리비용의 범주에 새로이 포함시키고 있다.

관리유지수수료는 ACA로 하여금 관리행정수수료로 확보되지

---

86) 호주 정부는 ITU 회원자격 유지를 위한 비용의 일부만을 관리수수료로 충당하여 왔으나 1996년 11월 11일부터 비용의 전액을 관리수수료로 충당하기로 결정을 하고 추가적으로 소요되는 비용을 위하여 전파관리수수료를 약 1%가량 인상하였다.

않는 관리비용을 충당하기 위하여 적용되는데, 통상 각각의 면허에 대하여 스펙트럼 접속세의 일정 비율이 적용된다. 관리유지수수료는 1999년 5월부터 스펙트럼 접속세의 40.43%가 적용되고 있다.

ACA는 면허의 자격에 따라 면허 발급에 대한 수수료, 면허 갱신에 대한 수수료, 면허수수료 분할납부를 위한 절차에 대한 수수료 등 세 가지 행정수수료 중의 하나를 Apparatus 면허수수료에 포함시키고 있다.

면허수수료의 면제대상은 긴급인명구조서비스 제공을 목적으로 설립된 비영리자원기관에 발급된 면허에 대해서만 적용된다. 소방, 수색과 구조, 해안경비, 외딴 지역의 앰브런스 서비스 등이 이에 속한다. 또한, 위의 비영리자원기관을 돕기 위해 자신의 무선기기를 사용할 수 있도록 허가된 면허도 면제대상에 포함된다. Royal Flying Doctor Service를 위한 면허는 스펙트럼 접속세는 면제되나 관리비용 충당을 위한 부분(스펙트럼관리유지수수료와 관리행정수수료)은 면제되지 않는다.

제4절 일 본

1. 개 요

일본의 전파스펙트럼관리는 1950년 제정된 전파법 및 설치법을 기초로 하여 이루어지고 있다. 전파스펙트럼의 중앙관리는 우정성에 의해서 이루어지는데, 이와 관련된 업무는 전파관리심의회, 통신정책국, 전기통신국, 방송행정국으로 나뉘어 분담되고 있다.

1980년대의 일본의 전파스펙트럼 관리정책은 유한하며 한정된 전파자원을 유효하게 활용하는 방법과 미이용 주파수대의 개발을 위한 사용 측면과 기술 측면에서의 대책 마련에 역점을 두어 왔다. 특히, 1980년대 이후 전파기술의 발전 및 각종 규제가 완화되고, 1985년 전기통신 자유화 조치 등의 요인으로 전파의 이용이 무선이동통신을 중심으로 급속히 증가되었다. 뿐만 아니라, 새로운 전파스펙트럼 이용시스템이 개발, 보급되는 등 전파스펙트럼 사용의 양적 및 질적 성장을 이루었다. 그러나 이러한 급격한 변화는 전파스펙트럼의 부족, 불법무선국의 증대, 관리비용의 증대 등 과거와는 전혀 다른 관리상의 문제를 야기하게 되었다.

그러나 일본은 이러한 문제점과 정책적 요구를 행정적인 방식으로 접근해 오고 있으며 아직까지 전파스펙트럼의 관리에 경제적 메커니즘을 도입하지 않고 있다. 이에 따라 지정단계에서는 어떠한 형태의 사용자가격을 부과하지 않고 있으며, 다만 지정 후 사용단계에서 관리서비스를 제공하는 데 소요되는 비용을 충당하기 위해 관리수수료 성격의 전파이용료를 부과하고 있다.

2. 사용단계에서의 전파사용료 제도: 전파이용료제도

1) 도입배경 및 법적 성격

일본은 경제발전과 정보통신기술의 발달에 힘입어 전파스펙트럼의 사용이 급격히 증가하였고, 다양화되었다. 이러한 급격한 변화 속에서 일본은 불법무선국의 급증, 전파이용의 확대에 따른 행정 부담의 증대 등의 문제에 직면하게 되었다. 따라서 전파방해로부터 자유롭고 전파스펙트럼의 사용이 더욱 확대되기 위해서는 위와 같은 문제가 적절한 방법으로 신속히 해결되어야 하는 상황이었다. 일본의 관리당국은 행정적으로는 무선국의 면허절차를 간소화하고, 소요되는 시간은 단축시키고자 노력하였고, 불법무선국의 적발과 불법무선국에 대한 법적 장치를 도입하는 등의 노력을 경주하였다. 그러나 이러한 비용 부담을 해결하기 위하여 전파정책간담회의 정책제안을 받아들여 1993년 4월 1일부터 전파이용료제도를 도입하게 되었다.

일본의 전파이용료는 전파의 감시, 무선국 데이터베이스의 정비 등 전파스펙트럼의 사용자를 위하여 각종 활동의 비용을 충당하기 위하여 무선국의 면허인으로부터 매년 일정 금액을 징수하는 것이기 때문에 '전파이용료'로 명칭을 하였지만 관리비용충당 원칙에 근거한 '관리수수료'의 성격을 갖는다. 다만, 일본의 경우는 경상관리비용에다가 무선국 데이터베이스 구축을 위한 비용까지도 관리비용의 범주에 포함시키고 있다.

2) 부과대상 및 부과기준

무선국 면허소지자에게는 정액의 연간 전파이용료가 부과되는데, 이 연간 수수료는 모든 무선국에게 직접적으로 혜택이 귀속되는 필수적 행정서비스를 위한 비용을 조달하도록 규정되어 있다. 면제 및 감면되는 대상 및 범위는 다음과 같다. 지방공공단체가 개설한 무선국 중 소방, 수방용 무선국은 면제, 지방공공단체가 개설한 무선국 중 방재용 무선국은 50% 감면, 국가가 개설한 무선국은 면제, 외국에서 취득한 선박 또는 항공기의 무선국에 대한 면허의 특례사항에 관한 규정에 의하여 면허를 받은 무선국은 면제대상으로 분류하여 적용하고 있다.

전파이용료는 전파스펙트럼의 이용형태와 무선설비의 설치장소 등에 따라 무선국을 9개 그룹으로 나누어 부과하고 있다. 각 그룹별 무선국의 전파이용료는 두 가지 요소로 구성된다. 첫째, 전파의 감시 등에 소요되는 비용을 충당하기 위한 부분으로서, 각 그룹별 무선국이 부담해야 할 부분은 각 그룹별 총관리비용을 무선국 수로 나눈 값이 된다. 둘째, 총합무선국감리파일의 작성 및 관리에 소요되는 경비를 충당하기 위한 부분이다. 각 무선국에 부과되는 사용료는 총액을 총합무선국 관리파일에 기록되는 면허에 관한 사항의 정보량에 비례하여 부과된다. 이와 같은 두 가지 비용을 합한 금액이 각 무선국이 부담해야 할 전파이용료가 된다.

제5절 뉴질랜드

1. 개 요

뉴질랜드 정부는 'Radiocommunication Act 1989'의 제정을 통하여 시장기능의 도입을 통한 전파스펙트럼 관리방식을 도입하였다. 동 법에 따라 뉴질랜드 정부는 이원적 면허제도를 시행하고 있다. Management Right와 Licence Rights로 구성되는 스펙트럼 소유권의 설정과 기존의 Apparatus Licencing의 유지가 그것이다. Apparatus Licence는 'Telecommunication Act 1989'의 규정에 따라 대부분 종류의 면허에 대하여 발급되고 있다.

Management Right와 Licence Rights에 대해서는 지정단계에서 전파스펙트럼의 희소가치를 반영하도록 하는 사용자가격을 부과하고 있으며, 지정 후 사용단계에서는 Licence Rights와 Apparatus Licence에 대하여 관리에 소요되는 비용을 충당하기 위한 전파관리료 성격의 수수료를 부과하고 있다.

그러나 뉴질랜드 정부는 향후 Apparatus Licence에 대해서도 면허에 설정된 전파스펙트럼이 가치를 반영하는 가격을 행정적으로 산정하여 부과하는 방안을 검토 중이다. 행정적 가격화를 추진하면서 검토되고 있는 변수로는 주파수 대역폭, 혼잡성의 정도, 공유 정도, 지리적 범위 및 지리적 혼잡성 등이며, 이러한 변수들을 반영할 수 있는 산정공식을 준비 중에 있다. 이러한 변화는 현재 사용 가능한 전파스펙트럼의 95% 이상이 Apparatus Licence에 의하여 관리되고 있기 때문에 이들에게 보다 효율적이며 효과적으로 전파스펙트럼을 사용하도록 하는 경제적 유인의 필요성과 함께 Managements Rights와 Licence Rights에 부과되는 전파사용료와의 공평성의 차원에서도 필요하게 되었다.

2. 지정단계에서의 전파사용료제도

1) Managements Rights에 대한 사용자가격

Managements Rights는 전파를 송출할 수 있는 권리를 부여하는 것이 아니라, Managements Rights 소유자가 동 권리에 설정된 주파수 범위 내의 일부 또는 전부에 대하여 자신 혹은 다른 주체에게 전파를 송출할 수 있는 면허를 발급할 수 있는 권리가 부여되는 것이다. Managements Rights는 경매방식으로 가격이 결정되어 배분되는데 이를 통하여 획득한 권리의 유효기간은 20년이다.

Managements Rights 소유자는 경매절차를 통하여 동 권리에 대한 가격을 지불하였기 때문에 아무런 연간 수수료를 납부하지 않는다. 다만, 뒤에서 언급될 Licence Rights를 소유자 자신에게 발급할 경우에만 MOC(Ministry of Commerce)에 전파관리료 성격의 면허수수료를 납부하게 된다. Managements Rights는 부동산 소유권과 유사하게 등록되고, 양도될 수 있다.

2) Licence Rights에 대한 전파사용료

Managements Rights는 그 소유자에게 특정 대역의 사용에 대하여 포괄적인 권한을 제공한다. 이러한 권한은 특정 대역의 사용과 사용자에 대하여 구체적인 조건 등을 규정한 Licence Rights의 발행을 통해서 행사된다. Licence Rights는 여러 가지 측면에서 기존의 무선면허와 유사하다. 동 권리에는 면허소지자,

주파수, 출력, 송신기 위치, 방출등급 등이 규정된다. 이와 함께, 동 권리의 지리적 범위를 설정하고, 전파방해로부터 권리소지자를 보호하기 위하여 추가적인 규정을 설정할 수도 있다.

그러나 Licence Rights는 기존의 Apparatus Licence와는 다른 점도 갖고 있다. 동 권리는 자유롭게 사고팔 수 있다. 또한, Managements Rights 소유자가 전파방해 보호와 채널화 계획을 위하여 특정 최종사용에 대한 계획을 갖고 각종 규격을 설정하지만 필수적으로 특정 사용에 대한 의무를 갖지 않는다. Managements Rights 소유자는 자신의 대역에 대하여 자신이 사용하거나, Licence Rights를 대여하거나 경매에 붙일 수 있다.

뉴질랜드 정부는 자신이 Managements Rights의 소유자로서 1989년 12월 이후 UHF-TV, VHF-FM, MF-AM 방송에 대한 Licence Rights를 경매방식을 통하여 가격을 결정하고 배분하였다. 기존의 방송과 셀룰러 대역에 대한 Apparatus Licence는 20년 기간의 Licence Rights로 전환되었는데, 전환수수료는 유사한 사용되지 않은 주파수 대역에서 신규가입자가 경쟁 입찰과정에서 지불한 금액의 50% 한도 내에서 결정되었다.

3. 사용단계에서의 전파사용료제도

Managements Rights는 전파를 송출할 수 있는 권리를 부여하는 것이 아니라, Managements Rights 관리자가 동 권리에 설정된 주파수 범위 내에 일부 또는 전부에 대하여 자신이 혹은 다른 주체에게 전파를 송출할 수 있는 면허를 발급할 수 있는 권리가 부여되는 것이기 때문에 전파사용료를 부과하지 않는다. Licence Rights와 Apparatus Licence에 대해서는 전파를 송출할 수 있는 권리가 부여되는 것이기 때문에 이들 면허소지자에게는 관리서비스 제공을 위한 비용을 충당하기 위하여 관리수수료 성격을 면허수수료로 부과하고 있다.

1) 면허수수료의 법적 성격

면허수수료는 Licence Rights와 Apparatus Licence 소지자에게 제공되는 관리서비스의 비용을 충당하기 위하여 부과되기 때문에 전파관리 수수료의 성격을 띠고 있다. 이러한 수수료는 방송권 소유자에게 부과되는데, 모든 보유자는 면허 등록 시 납부해야 하며, 면허 기간 동안에는 1년에 한 번씩 청구된다.

면허수수료는 면허된 주파수가 허가된 목적과 기술적으로 적합할 수 있도록, 기존의 면허와 충돌이 발생되지 않도록, 면허된 주파수가 그것들의 사용상 본질에 적합한 배타성의 정도를 유지될 수 있도록 관리서비스를 제공하는 데 필요한 비용을 충당하기 위하여 부과된다. 그러나 면허수수료는 단지 전파스펙트럼관리에 소요되는 비용을 충당하는 것을 원칙으로 하고 있지만, 고정서비스와 같은 경우에는 관리비용충당원칙하에서 주파수 대역 및 점유 대역폭 등을 고려하여 차등 부과함으로써 전파스펙트럼의 이용을 극대화하도록 하는 유인을 제공하기도 한다. 군대를 포함한 모든 전파스펙트럼의 사용자에게 면허수수료가 부과되고, 면제 및 감면 대상은 없다.

2) Licence Rights에 대한 전파관리수수료

현재까지 Licence Rights는 방송용 대역에만 배분되었으며, 방송용 Licence Rights에 근거한 면허에 대한 불평의 비율과 상관관계를 갖는다. 혼신의 조사가 Licence Rights와 관련된 연간 수수료의 가장 중요한 요소가 되고 있다.

3) Apparatus Licence에 대한 전파관리수수료

Management Rights가 만들어지지 않은 무선주파수에 대해서는 'Radiocommunication Regulation 1993'에 의거하여 Ministry of Commerc(MOC)가 모든 무선기기에 대한 면허허가, 혹은 면허면제 등에 대한 업무를 주관한다. Apparatus Licence는 통상 최고 12개월간 허가되고, MOC에 의해 언제든지 면허가 취소되거나 변경될 수 있지만, 연간 면허수수료의 납부로 면허 갱신을 해주는 것이 통상의 관례이다. 현재 사용 가능한 전파스펙트럼 중 95% 이상이 Apparatus Licence의 범주하에서 관리되고 있다.

Apparatus Licence에 대한 면허수수료 부과근거 및 부과규모는 'Radiocommunication Regulation 1993'에 규정되어 있다. 면허수수료는 이용 행태와 전파설비의 설치장소 등에 따라 무선국을 17개 그룹으로 분류하여 부과하고 있다. 몇몇 무선국 그룹을 제외하고는 대부분의 경우 부과기준을 송신기의 최대 출력으로 하고 있다.

Chapter 9 우리나라의 전파사용료제도 현황
및 2.3GHz 사용료 산정

제1절 현 황

제2절 2.3GHz 사용료

제1절 현 황

1980년대 말 이후 무선국이 급격하게 증가함에 따라 전파관리에 필요한 행정경비가 증가되고, 전파스펙트럼에 대한 수요가 증가됨에 따라 새로운 주파수대의 개발 및 전파진흥을 위한 재원 마련이 필요하게 되었다. 이와 같이 전파스펙트럼의 관리에는 막대한 예산이 소요됨에도 불구하고 전파사용료제도가 도입되기 이전까지는 예산의 극히 일부분을 제외하고는 통신사업특별회계인 우정세입에서 충당되어 왔다. 이에 따라 부담의 공평성을 저해하게 되었다. 따라서 전파스펙트럼 관리의 이익을 직접적으로 향유할 뿐만 아니라, 동 자원을 이용하여 경제적 이익을 얻는 주체에게 소요되는 비용을 부담케 함으로써 수익자부담원칙을 구현하고, 동시에 관리당국의 재정 부담을 덜 수 있는 장치가 필요하게 되었다.

이와 함께, 최근 들어 전파스펙트럼을 이용한 서비스에 대한 수요가 폭발적으로 증가함에 따라 일부 주파수 대역에서는 수요가 공급을 초과하는 현상이 나타나고 있으며, 다른 대역에서도 유사한 상황이 발생될 것으로 예상되고 있다. 따라서 사용 가능한 전파스펙트럼을 보다 효율적으로 사용할 수 있도록 하는 유인을 제공하고, 무선국을 허가받고도 사용하지 않는 주파수를 반환케 하여 전파자원을 효율적으로 사용할 수 있도록 하는 여건의 조성이 필요하게 되었다. 이러한 필요성에 의해서 정부는 1993년부터 전파사용료제도를 도입하여 시행해 오고 있다.

　전파사용료의 부과대상은 원칙적으로 무선국의 개설허가를 받은 모든 시설자가 된다. 전파사용료의 부과기준은 '전파법 시행령 제 53조'에 명시되어 있다. 즉, 전파사용료는 무선설비별로 지정된 주파수마다 분기별로 무선국의 허가장에 기재된 '전파의 폭' 및 '공중선전력'과 '전파의 이용형태' 등을 참작하여 다음의 산정식에 의거하여 부과된다.

$$무선국별\ 전파사용료\ =\ 기초가액 \times (\sqrt{공중선전력} + 전파의\ 폭) \times 선호계수 \times 이용형태계수 \times 목적계수$$

　기초가액은 전파관리에 소요되는 전체 경비를 총 지정파수로 나눈 수치로서 모든 무선국에 동일하게 적용되며, 현재 2,000원으로 설정되어 있는데 이 규모는 도입 시점인 1993년에 설정된 이후 한 번도 조정되지 않고 있다. 공중선전력은 W를 단위로 하고, 통달거리를 나타내는 전계강도를 반영하기 위하여 지정전력의 제곱근을 적용한다. 전파의 폭은 각 무선국이 사용하는 주파수의 대역폭을 KHz 단위로 계산한다. 총 지정주파수의 계산 시 이동전화와 주파수 공용방식 등의 무선국은 1국당 1파가 지정된 것으로 계산하고 있다. 선호계수는 이용이 보편화된 포화주파수 대역 또는 선호도가 높은 주파수 대역에 대해서는 계수를 높이고, 신규개발이 요구되는 주파수 대역에 대해서는 계수를 낮추어 주파수 자원의 개발을 유도토록 한다. 이용형태계수는 허가받은 주파수의 단독 또는 공동이용형태의 구분에 따른 계수이며, 목적계수는 무선국의 개설목적에 따라 전파사용료를 차등적용하기 위한

계수로서 전파행정의 공익목적 달성을 위해 설정되었다.

징수한 전파사용료는 통신사업특별회계세입으로 편성되며, 통신사업특별회계의 잉여분은 다음 회계연도로 이월된다. '전파법 제67조'와 '전파법 시행령 제53조'에 의거하여 국가 또는 지방자치단체가 개설한 무선국, 방송을 목적으로 하는 무선국, 비상국, 실험국, 아마츄어국, 표준주파수 및 시보국, 대한적십자 조직법에 의한 대한적십자사가 시설자인 무선국, 이동공중무선전화, 지하중계기 등은 전파사용료를 면제받는데, 이들 무선국이 차지하는 비중은 전체 무선국의 약 15-20%에 달하고 있다.

1. 전파사용료 부과규모

전파사용료 부과규모는 시행 첫 해인 1993년 426억 원에서 1996년 1661억 원으로 연평균 59.1%씩 증가하였다. 이러한 높은 증가율은 주로 무선이동통신 가입자 무선국의 급격한 증가에 기인되고 있다. 한편, 주요 사용자의 전파사용료 부과규모는 [표 9-2]와 같다.

[표 9-1] 연도별 전파사용료 부과규모 (단위: 억 원)

구 분	1993	1994	1995	1996	1997(추정)
금 액	426	796	1,276	1,661	2,200

자료: 정보통신부 결산서 각 년도

[표 9-2] 주요 사용자별 주파수 지정 및 전파사용료 부과현황 (단위: 억 원)

사용자	총 지정파수	사용주파수	전파사용료 부과액		
			1994	1995	1996
한국통신	994,676	4,038MHz	173 (21.7)	175(13.7)	160.0 (0.96)
SK 텔레콤	122,550	17.9MHz	103 (12.9)	181 (14.2)	310.8 (18.7)
신세기	7,781	5.3MHz	-	-	2.1(0.1)
나래이동통신	296,115	1.1MHz	-	4.9 (0.4)	9.2 (0.6)
서울이동통신	253,115	1.1MHz	-	4.7 (0.4)	8.4 (0.5)
015지역사업자(8)	-	3.5MHz	-	-	-
데이콤	447	-	-	-	2.4 (0.1)
한국공중전화	-	-	1.9 (0.2)	-	-
한국방송공사	5,023	-	20 (2.5)	21 (1.6)	21 (1.3)
문화방송	1,682	-	12 (1.5)	12.5 (1.0)	12.3 (0.7)
한국전력공사	98,429	-	9 (1.1)	12 (1.0)	13.9 (0.8)
포항제철	81	-	3 (0.4)	4.1 (0.3)	6.1 (0.4)
대한항공	47,310	-	2.9 (0.4)	3.4 (0.3)	3.9 (0.2)
한국도로공사	12,658	-	1.8 (0.2)	2.7 (0.2)	2.3 (0.1)
대한통운	9,140	-	2.0 (0.3)	-	2.2 (0.1)
이동전화 가입자	4,191,139	25MHz	399 (50.1)	743 (58.2)	1,093 (65.8)
기타	-	-	68.4 (8.6)	111.7 (8.6)	13.4 (0.8)
총전파사용료		-	796	1,276	1,661

주 1: ( ) 안의 숫자는 총 전파사용료대비 개별 사용자의 부담비율
　　2: 한국통신의 사용주파수는 M/W대역과 도서통신용 사용주파수만을 고려
　　　 하였음.
　　3: 총 지정파수는 1996년 말 현재 기준임.

2. 전파관리 세입 – 세출현황

[표 9-3]은 전파사용료제도 도입 이후의 전파관리 세입 – 세출
의 변동추세 및 현황을 나타내 주고 있다. 전파세출예산은

1994-1997년 기간 동안 연평균 17.3% 증가하였으며, 세입예산은 같은 기간 중 연평균 39.3% 증가하였다. 세입예산 중 전파사용료의 평균증가율은 44.3% 달하고 있다. 절대규모에 있어 전파세입이 전파세출을 초과하고 있으며, 세입증가율이 세출증가율을 능가함으로써 세입－세출 간의 격차는 매년 확대되고 있다.

(세입/세출)비율은 급격한 증가추세를 보이다가 1996년의 2.18에서 1997년에는 2.1로 감소한 것으로 보이나 실제로는 전파세출 중 정보화촉진기금 출연금액이 1996년의 50억 원에서 1997년의 100억 원으로 확대되어 이와 같이 감소현상이 나타난 것이다. 세출예산에서 정보화촉진기금을 제외한다면 세입－세출비율이 1996년의 2.37에서 1997년의 2.42로 계속 확대되고 있음을 알 수 있다. 이와 같은 (세입－세출)의 격차 확대는 주로 이동전화 가입자 무선국의 증가로 인하여 발생되고 있다. 현행의 경우 이동전화 가입자 무선국은 1파가 지정된 것으로 간주하여 전파사용료가 산정, 부과되고 있는데 이들 무선국의 급격한 증가는 전파세입의 증가로 이어지고 있다.

한편, [표 9-3]에서 보이듯이 전파세출의 증가율도 매우 높은 것으로 나타나고 있는데 이러한 세출의 증가가 적정한가에 대한 논의가 필요할 것이다. 1994-1997년 기간 동안 전체 전파세출예산의 증가율이 17.3%이나, 전파관리경상비의 증가율은 23%에 달하고, 전파관리투자비의 증가율은 10.3%에 불과하다. 결국 전파세출의 증가는 전파관리를 개선하기 위한 투자보다는 주로 전파관리경상비를 중심으로 이루어지고 있음을 알 수 있다. 그러나 전파관리경상비의 경우 대부분이 인건비 등 고정비의 성격을 띠

고 있어 이 부문의 높은 증가율은 세입의 증가에 맞추어 세출도
같이 증가된 것이 아닌가 하는 의문을 갖게 한다.

[표 9-3] 전파세입-세출예산현황 (단위: 억 원, %)

	1994	1995	1996	1997
전파세출	481.57	606.174	624.339	765.684
전파관리경상비	291.79 (60.1%)	332.989 (54.9%)	425.51 (68.2%)	539.728 (70.5%)
전파관리	69.8	78.739	121.43	193.401
전파감시	189.53	217.882	256.909	290.145
전파연구	32.46	36.368	46.766	56.182
전파관리투자비	189.78 (39.9%)	273.185 (45.1%)	198.829 (31.8%)	225.956 (29.5%)
전파감시	125	218.698	157.013	183.627
전파연구	64.78	54.487	41.816	42.329
전파세입	624.91	1084.86	1363.53	1609.84
전파사용료	544 (87.1%)	984 (90.7%)	1188 (87.1%)	1562 (97.0%)
허가 및 검사수수료	69.22 (11.1%)	99.082 (9.1%)	172.812 (12.7%)	44.409 (2.8%)
기타 수수료	11.69 (1.8%)	1.782 (0.2%)	2.717 (0.2%)	3.426 (0.2%)
세입/세출	1.3	1.79	2.18 (2.37)	2.1 (2.42)

자료: 정보통신부 예산서 각 년도를 이용 작성.
주 1: (세입/세출) 중 ( ) 안의 숫자는 정보화촉진기금을 제외한 경우의
     비율임.
   2: ( ) 안의 숫자는 세입, 세출에서 각 항목이 차지하는 비중.

이동무선통신서비스 시장의 성장(신규 서비스 포함)은 전파스
펙트럼 사용자들로부터의 전파사용료세입을 증가시키게 될 것이
다. 이 경우, 관리당국은 전파관리비용과 세입 간의 격차가 계속
해서 더욱 확대되도록 하기보다는 점점 많은 관리비용을 전파사
용료 납부자에게 부담시키려는 경향을 갖게 할 수 있다. 현행과
같이 전파관리비용의 범주를 관련 규정에 사전적으로 명확하게
설정되지 않은 상황하에서 이렇게 할 수 있는 방법 중의 하나는
전파사용료로 충당해야 할 새로운 관리활동을 포함시키는 방법이
될 것이다. 1996년부터 전파관리경상비 중 전파관리부문에 정보
화촉진기금 출연이 포함되고 있는데 이러한 것은 하나의 예가 될
것이다. 뿐만 아니라, 현재도 전파사용료는 통신사업특별회계에
포함되어 전파관리, 전파진흥을 위한 투자 이외에도 우정부문 적
자보전 등의 용도에도 사용되고 있다. 결국 전파스펙트럼의 사용
자들은 전파스펙트럼의 관리와는 별로 상관이 없는 관리기구의
활동에 소요되는 비용을 부담하는 셈이 된다.

또한, 전파사용료세입의 지속적인 성장은 관리당국으로 하여금
행정적 효율성을 증대시키지 않도록 유인을 제공할 우려도 발생
하게 된다. 예를 들어, 효율적인 관리를 위한 적정수보다 많은 인
력을 유지하게 한다든가 등의 불필요한 지출을 증가시키게 될 것
이다.

제2절 2.3GHz 사용료

위에서 우리나라의 전파사용료에 대한 검토결과를 토대로 '전파법 시행령 제53조'에 의거 2.3GHz의 사용료를 산출하면 다음과 같다.

$$\text{무선국별 전파사용료} = \text{기초가액} \times (\sqrt{\text{공중선전력}} + \text{전파의 폭}) \times$$
$$\text{선호계수} \times \text{이용형태계수} \times \text{목적계수}$$
$$\cdots\cdots\cdots\cdots\cdots\cdots \text{식①}$$

기초가액은 전파관리에 소요되는 전체 경비를 총 지정파수로 나눈 수치로서 모든 무선국에 동일하게 적용되며, 현재 2,000원으로 설정되어 있으므로 기초가액은 2,000원을 적용하도록 한다.

공중선전력은 W를 단위로 하고, 통달거리를 나타내는 전계강도를 반영하기 위하여 지정전력의 제곱근을 적용하고 있는데, 공중선 종류를 살펴보면 [표 9-4]와 같다.

[표 9-4] 공중선 종류

이동전화 종류	공중선 종류
차량전화	3W
휴대전화	0.6W
차량/휴대 겸용전화	3W/0.6W

자료: 전파자원의 경제성 평가에 관한 연구, 한국무선국관리사업단, 1999.08.

현재, 2.3GHz는 WLL용으로 할당하였고 추후 무선LAN 등의 용도로 재분배할 경우를 가정하고 있으므로 휴대전화의 공중선을 적용하여 0.6W를 가정한다.

전파의 폭은 각 무선국이 사용하는 주파수의 대역폭을 KHz 단위로 계산하고 있는데, 2.3GHz대역은 100MHz이므로 이를 KHz로 환산하면 100,000KHz가 된다.

선호계수는 [표 9-5]에서 보는 바와 같이 2.3GHz는 준마이크로파에 해당되므로 0.1을 적용한다.

[표 9-5] 선호계수

주파수대		계 수
UHF	300MHz 이상 960MHz 이하	1.50
VHF	28MHz 이상 300MHz 이하	1.30
중단파 이하	28MHz 미만	1.00
준마이크로파	960MHz 이상 3GHz 이상	0.10
마이크로파	3GHz 이상 15.4GHz 미만	0.03
마이크로파	15.4GHz 이상 30GHz 미만	0.02
밀리미터파	30GHz 이상	0.01

자료: 전파법시행령, 별표 6, 2000. 09.

이용형태계수는 [표 9-6에서 보는 바와 같이 전파법 시행령 제53조 [별표 6]에 의거 단독이용일 때를 가정하여 1을 적용하였다.

[표 9-6] 이용형태계수

이용형태	계 수
단독이용	1.0
공동이용	0.1

자료: 전파법시행령, 별표 6, 2000. 09.

목적계수는 [표 9-7]에서 보는 바와 같이 전파법 시행령 제53
조 [별표 6]에 의거하여 1을 적용하였다.

[표 9-7] 목적계수

운 용 목 적	계 수
1. 무선항해업무(레이더·트랜스폰더·거리측정기·전파고도계)	0.5
2. 무선측위(탐지 및 표지를 포함한다)업무	0.1
3. 제1호 및 제2호를 제외한 업무	1.0

자료: 전파법시행령, 별표 6, 2000. 09.

이상의 계수들을 식 ①에 넣어 사용료를 구하면 다음과 같다.

$$2,000 \times (\sqrt{0.6} + 100,000\text{KHz}) \times 0.1 \times 1 \times 1 = 15,491,933원/분기$$

따라서 2.3GHz의 1분기 사용료는 15,491,933원이 된다.

Chapter 10 우리나라 전파사용료제도의 평가

제1절 전파사용료의 성격

제1절 전파사용료의 성격

현행 전파사용료제도를 평가하기 위해서는 먼저 전파사용료의 성격을 규명해야 할 필요가 있다. 현행 전파 관련 법규에는 전파사용료의 법적 성격이 명확하게 제시되지 않고 있다. 전파법 제67조(전파사용료)의 ①에 의하면 "정보통신부장관은 무선국의 시설자에 대하여 당해 무선국에서 사용하는 전파에 대한 사용료(이하 전파사용료)를 부과 징수할 수 있다."고만 명시됨으로써 전파의 사적이고 포괄적인 사용을 허가하는 권리에 대한 사용자가격인지, 아니면 전파관리서비스에 대한 사용자가격인지 혼동을 초래하고 있다.

그러나 다음과 같은 2가지 측면에서 보면 전파관리서비스 제공에 대한 대가로서의 사용자가격, 즉 관리수수료로 해석하는 것이 타당하다고 사료된다. 첫째, 전파의 포괄적 사용권리에 대한 사용자가격이라면 실제(세) 사용 여부에 관계없이 사용자에게 사용권리를 인정해준 주파수에 대하여 사용료가 부과되어야 할 것이나 현행의 사용료제도는 실제 사용주파수에 대하여만 부과하고 있다. 둘째, 전파법 제67조 ②에 의하면 전파사용료는 전파관리에 필요한 경비의 충당과 전파진흥을 위하여 사용한다고 명시함으로써 현행의 전파사용료는 광의의 전파관리비용(전파관리비용＋전파 분야 연구개발 투자비용)을 위하여 조달되고 있음을 의미하고 있다.

한편 전파스펙트럼의 사적 사용에 대한 대가로서 전파사용료를 부과 징수하는 것이라면 일부 사용자들에게 사업 허가 시 부과하는 일시 R&D 출연금 및 매년 납부하는 R&D 출연금과 충돌이 발생될 수 있을 것이다.

1. 비용충당원칙

현행의 전파사용료제도가 전파관리수수료의 성격으로 시행되고 있다면 비용충당원칙이 적용되어야 할 것이다. 그러나 [표 9-2]의 전파 세입–세출규모에서 살펴보았듯이 비용충당원칙이 지켜지지 않아 전파사용료가 통신사업특별회계의 재정수입을 위한 조세라는 비난이 제기되고 있다. 따라서 전파관리비용의 범위에서 전파사용료가 부과될 수 있도록 제도가 개선되어야 할 것이다. 그러나 비용충당원칙이 달성되기 위해서는 전파사용료세입의 축소가 이루어져야지 전파세출규모가 세입규모에 맞추어 증가됨으로써 비용충당원칙이 달성되는 것은 결코 바람직하지 않을 것이다.

2. 전파사용료 부담의 공평성

전파사용료제도가 도입되기 이전에는 관리서비스의 수혜자가 아닌 다른 부문으로부터 관리비용이 충당됨으로써 수혜자와 비수혜자 간의 공평성을 저해하였었던 만큼 전파사용료의 부과는 전파관리서비스의 수혜자와 비수혜자 간의 공평성을 개선시키게 된다. 그러나 공평성은 관리서비스의 수혜자와 비수혜자 간의 공평성뿐만 아니라, 수혜자 간의 공평성도 확보되어야 한다.

이동통신 사업자용 및 이동전화 가입자용 무선국은 주파수분배표의 30-960MHz 대역에서 불과 5.2%밖에 할당되어 있지 않으나 이들 무선국이 부담하는 전파사용료의 비중은 1996년 말 현재 약 86%에 달하고 있다. 특히, 전체 전파사용료 중 이동전화 가입자용 무선국의 부담비중은 이들 무선국의 급격한 증가로 1994년에는 50.1%, 1995년에는 58.2%, 1996년에는 65.8%로 매년 급격하게 증가하고 있을 뿐만 아니라, 절대적인 비중을 차지하고 있다. 그러나 가입자 무선국은 형식검증, 기술기준확인증명 등의 절차를 거치기 때문에 관리비용 발생 정도가 매우 적다.

반면, 방송용 주파수의 경우 30-960MHz 대역에서 약 39.5%를 할당받고 있음에도 불구하고 전파사용료의 부담은 [표 9-1]에서 보이듯이 한국방송공사와 문화방송의 경우 1996년에 불과 2.0%에 부과하다. 이러한 결과들은 현행의 전파사용료 부과방식이 수익자 부담원칙과 사용자 간의 공평성을 저해하고 있음을 보여주고 있다.

한편, 현행의 전파사용료제도는 경쟁관계에 있는 서비스 간, 서비스 내 전파사용료 부과규모의 편차가 큼으로 인하여 부담의 공평성을 저해할 뿐만 아니라, 하부 시장을 왜곡시키고 있다. 예를 들어, 아날로그방식 이동전화, 디지털방식 이동전화, 무선호출, CT-2, PCS, TRS 등은 잠재적으로 서로 경쟁관계를 갖는 서비스들이며, 동일 및 유사 형태의 전파이용자들이다. 따라서 이들 서비스 간에는 유사하거나 동일한 전파사용료가 산정됨으로써 경쟁이 왜곡되지 않도록 하여야 할 것이다.

3. 전파스펙트럼 사용의 효율성

현행의 전파사용료 산정공식에는 여러 가지 요소들이 반영되도록 고안되어 있다. 이러한 요소들은 전파스펙트럼의 사용량을 측정하고자 하는 요소(전파의 폭, 공중선 전력, 이용행태계수)와 주파수 대역별 특성으로 인하여 발생되는 상대적 희소성의 정도를 측정하고자 하는 요소(선호계수)로 구분된다. 따라서 스펙트럼의 사용량이 클수록 높은 전파사용료가 부과되고, 상대적으로 희소한 대역의 전파스펙트럼을 사용할수록 높은 사용료가 부과되도록 장치가 마련되어 있다. 이와 같이 여러 가지 요소들을 전파사용료 산정식에 반영함으로써 지정된 전파스펙트럼 중 불필요하거나 사장되어 있는 주파수를 반납하거나, 출력을 줄이고, 공유하도록 유인함으로써 전파스펙트럼의 양을 줄이도록 하며, 상대적으로 덜 선호되는 대역을 사용토록 유도하고자 하였다.

그러나 현행의 전파사용료제도는 다음과 같은 이유로 인하여 당초에 의도한 효과를 달성하지 못하고 있는 것으로 평가된다. 첫째, 전파사용료 수준은 사용하는 전파스펙트럼의 경제적 가치를 제대로 반영하지 못 하고 있다. 둘째, 현행 제도에서는 전파사용료가 배타적으로 사용할 수 있도록 권리를 부여해 준 주파수에 대하여 부과하는 것이 아니라 실제 사용하고 있는 주파수에 대해서만 부과하고 있어 잉여분이나 사장되어 있는 주파수를 포기하도록 유인을 제공하지 못하고 있다. 셋째, 현행의 무선국 허가제도하에서는 면허장에 기재되는 기술적 파라미터 등의 변경이 거의 불가능하게 되어 있어 보다 효율적인 사용을 위한 유인이 실제 제공되지 못하고 있다.

4. 전파사용료의 안정성 및 명확성

전파사용료의 산정은 안정적이어야 하며, 너무 복잡하지 않고 쉽게 이해할 수 있어야 한다. 그러나 현행 제도하에서는 사용자가 채택하는 기술방식에 따라 부과규모가 크게 변동될 뿐만 아니라, 보다 효율적인 기술방식하에서 보다 높은 전파사용료가 산정되고 있다. 이에 따라, 이를 조정하기 위하여 일부 계수(특히, 목적계수)들이 무원칙적으로 조정되고 있어 산정방식이 올바른 경제적 유인을 제공하지 못하고 있다. 이와 같은 문제는 향후 신규 서비스의 도입 시마다 발생하게 되어 그때마다 필요계수의 임의적인 조정이 필요하게 될 것이다.

이러한 문제점들은 산정공식 자체의 문제점이기보다는 산정방식 적용원칙상의 문제라고 판단된다. 예를 들어, 전파사용료의 산정은 해당 서비스를 구성하는 기술에 대하여 독립적이어야 하는데 그렇지 못하다는 비판이 제기되고 있는데, 현행의 산정공식 자체는 기술에 대하여 독립적이 되도록 설계되어 있다. 다만 문제가 되는 부분은 산정공식 자체보다는 주파수의 이용행태 등을 고려하지 않고 무차별적으로 모든 사용자에 대하여 무선설비별로 전파사용료를 산정하고 있는 일반 원칙이라고 판단된다.

한편, 전파사용료 조건표가 작성되지 않음으로써 예측성이 떨어지고, 이에 따라 적절한 정보를 제대로 제공하지 못하고 있다. 외국의 경우는 대부분 전파사용료 조건표가 만들어져 사용자뿐만 아니라, 통신장비 제조업자 등에게도 정보가 충분히 제공되고 있다. 이러한 정보가 제공될 때 사용자들은 보다 스펙트럼 효율적인 기술개발이나 장비에 대한 투자결정 시 그로 인한 전파사용료 절약분과 투자비용을 비교할 수 있음으로써 투자에 대한 의사결정을 내릴 수 있게 된다. 뿐만 아니라, 통신장비 제조업자 등도 전파사용료에 대한 충분한 정보를 갖고 있어야만 새로운 장비를 개발할 경우 그에 대한 수요를 예측할 수 있고, 사업성이 있는지를 가늠해 볼 수 있게 될 것이다.

Chapter 11 전파사용료제도 개선방향

제1절 단기 개선방안

현행 전파사용료의 성격은 사용단계에서 제공되는 관리서비스에 대한 사용자가격인 만큼 단기적으로는 이 성격에 충실하면서 앞에서 지적된 문제점이 치유될 수 있도록 개선방안이 마련되어야 할 것이다.

1. 기본방향

전파사용료는 전파스펙트럼 사용자를 위하여 관리당국이 행하는 관리 및 투자에 필요한 관리비용을 충당하기 위하여 관리서비스의 수익자에게 해당 서비스의 경비를 부담시키는 사용자가격임을 관련 법규에 명시되어야 할 것이다. 그리고 전파스펙트럼 지정 후의 관리서비스는 면허를 소유한 사용자는 누구나 자동적으로, 그리고 강제적으로 받게 되는 성격을 갖기 때문에 경제이론에서의 효율적 가격인 한계비용가격방식보다는 관리비용 충당을 위한 평균비용가격방식이 보다 적합할 것으로 판단된다.

그러나 관리비용충당원칙을 적용하면서 무선국 종별 구분 없이 모든 무선국에 대하여 동일한 기준의 Hz당 평균관리비용을 부과한다면 부담의 공평성이 저해되게 된다. 관리서비스를 제공하는 데 소요되는 비용은 전파스펙트럼의 이용행태, 서비스의 종류, 무선국의 위치 등에 따라 다를 수 있는데 이를 무시하고 동일한 평균비용을 관리수수료로 부과할 경우 부담의 공평성이 저해되기 때문이다. 이러한 문제점을 치유, 혹은 최소화하기 위해서는 먼저 전파관리수수료 부과대상 무선국을 전파스펙트럼의 이용행태, 무선국의 위치 등을 고려하여 유사한 무선국들을 하나의 종별로 분류하는 무선국 종별 체제를 구축하는 것이 필요하다. 이와 같이 구분된 무선국 종별에 따라 총관리비용을 배분하고, 배분된 무선국 종별 전파관리비용을 개별 무선국에게 Hz당 평균관리비용가격방식을 적용하여 무선국당 전파관리수수료를 산정한다면 부담의 공평성이 크게 개선될 것이다.

2. 전파관리비용의 배분

전파관리수수료로 충당되어야 할 총전파관리비용은 전파정책 및 규제활동 관련 비용, 국제협력비용, 불법 무선국 감시 및 적발과 관련된 비용, 일반 행정비용 및 관리비용, 언급된 관리업무의 개선을 위한 소규모 R&D 비용 등이 포함되어야 할 것이다. 이러한 관리비용의 범주와 현행의 전파관리비용 범주를 비교하여 볼 때 새로운 주파수 대역의 개발 등과 같은 용도의 비용과 1996년부터 전파관리경상비에 포함되고 있는 정보화촉진기금 등은 전파관리수수료를 통하여 충당해야 할 관리비용의 범주에는 적합하지 않은 것으로 판단된다. 또한, 전파사용료로 충당되어야 할 관리서비스의 범주는 관련 법규에 구체적으로 명시되어야 할 것이다.

설정된 총관리비용을 위에서 구분된 무선국 종별 분류에 따라 배분하기 위해서는 비용배분원칙에 대한 연구가 필요하다. 적용할 수 있는 하나의 원칙으로는 전파관리경상비(전파관리비＋전파 감시비＋전파연구비)는 각 무선국 종별에 할애되는 노동력을 기준으로 분류하고, 전파관리투자비는 각 무선국 종별에 대하여 투자되는 규모에 따라 구분하는 방안을 고려해 볼 수 있을 것이다. 이러한 배분기준을 적용할 수 없는 공통비용은 각 무선국 종별에 속하는 개별 무선국의 수를 고려하여 분할하면 될 것이다.

3. 무선국별 관리비용 배분기준

면허증에 기재된 주파수 대역폭(실제 사용하는 주파수 대역폭)에 무선국 종별 내 MHz당 평균관리비용을 적용한다. 그러나 동일한 주파수 대역폭을 점유하고 있다고 하더라도 주파수의 대역, 송신기의 출력 혹은 통신범위, 무선국의 지리적 위치, 사용의 배타성 정도에 따라 이들 무선국에게 제공되는 관리서비스의 비용은 서로 다를 수 있다. 따라서 보다 공평한 관리수수료가 부과되기 위해서는 이러한 요소들을 고려해야 할 필요가 있다. 그러나 실제 적용하고자 할 경우에는 이러한 요소들을 고려하기 위해서 소요되는 행정비용과 개선되는 공평성의 정도를 고려하여 결정하여야 할 것이다.

4. 전파관리수수료 산정을 위한 일반 원칙

첫째, 전파관리수수료 산정 시 적용되는 주파수 대역폭은 면허장에 기재된 대역폭(MHz)을 적용한다. 둘째, 전파관리수수료는

원칙적으로 현행의 전파사용료를 면제받고 있는 국가 또는 지방
자치단체가 개설한 무선국, 방송을 위한 목적으로 하는 무선국
등을 포함하여 모든 무선국에 적용한다. 셋째, 전파감시가 상대적
으로 불필요한 이동전화의 가입자 무선국, 간이무선국 등은 허가
제(허가의제방식)에서 신고제 또는 일괄면허(Class License)로 전
환하고, 이들 무선국에 대해서는 원칙적으로 전파관리수수료를
부과하지 않는다. 그러나 현재 이들 무선국이 부담하고 있는 전
파사용료의 비중을 고려해 볼 때 갑작스럽게 면제하는 것은 바람
직하지 않을 수도 있을 것이다. 따라서 이들 무선국에는 최소한
의 정액사용료가 부과되도록 한다. 넷째, 개별 주파수 지정을 하
지 않는 무선국의 경우는 그 무선국군에 지정되는 주파수 대역폭
을 이용하여 전체 전파관리수수료를 산정한 후, 무선국의 수로
나누어 개별 무선국의 연간 전파관리수수료를 산정한다. 다섯째,
무선통신서비스를 제공하기 위하여 다수의 기지국이나 중계국의
설치가 요구되는 사업자의 경우는 이들을 하나의 종별로 묶은 다
음 현행과 같이 개별 무선설비별로 전파사용료를 부과하지 말고
각 사업자가 구성한 네트워크에 대하여 전파사용료를 부과토록
한다. 이러한 방식을 따른다면 채택하는 기술에 대하여 전파사용
료의 부과규모가 독립적이 되게 될 것이다.

제2절 장기 개선방안

Herz당 혹은 채널당 관리비용에 근거하는 등의 차별화된 전파 사용료의 부과는 면허자들로 하여금 그들이 실제로 필요한 만큼 의 전파스펙트럼을 점유케 하는 유인은 제공할 수 있다. 그러나 관리비용에 근거한 사용료는 일반적으로 매우 낮은 수준이기 때 문에 동 제도만으로는 사용자들에게 전파자원의 효율적 사용을 유인하는 데에는 별로 효과적이지 못한 것으로 지적되고 있다. 따라서 할당 및 지정단계에서의 경제적 가치 고려 없이 지정 후 사용단계에서만 비용충당원칙하에서 사용료를 부과하는 것은 전 파관리상의 문제점 중 관리당국의 재정 부담 해소 및 관리비용 부담의 공평성 확보라는 효과만을 거둘 수 있을 뿐 여타 관리상 의 문제점들은 그대로 남게 된다.

따라서 장기적으로는 지정된 주파수의 경제적 가치를 반영하는 전파사용료제도를 도입함으로써 보다 적극적인 관리수단으로 개 선되어야 할 것이다. 전파자원의 효율적 관리를 위한 경제적 메 커니즘으로서 전파사용료를 도입하고자 할 경우는 전파사용료제 도만을 독립적으로 운영해서는 안 되고 전파관리의 전반적인 측 면에서 균형 있게 추진되어야 할 것이다. 할당 차원, 지정 차원에 서의 효율성 추구를 위한 정책방향, 지정 후 사용단계에서의 방 안에 따라 전파사용료제도가 영향을 받게 되기 때문에 여타의 관 리방식에 대한 구체적인 논의 없이 전파사용료제도만의 개선방안 을 논의하는 것은 현재로서는 불충분한 논의로 끝나게 될 것이다. 지면제약으로 전파관리 전반에 걸친 개혁방안은 생략하고, 이하에서는 출연금제도의 장기적인 개선방안을 개괄적으로 논의하고자 한다.

모든 전파스펙트럼에 대하여 경제적 가치를 반영하는 사용자가격을 부과할 수는 없기 때문에 전파스펙트럼 사용권리의 지정에 대한 사용자가격과 관리서비스에 대한 사용자가격을 분리하여 적용하는 것이 보다 효과적이라고 판단된다. 용어의 혼동을 피하기 위하여 사용권리의 지정에 부과되는 사용자가격을 출연금, 관리서비스에 대한 사용자가격을 전파사용료로 명칭하기로 한다.

전파사용료제도 개선을 위한 기본방향은 다음과 같다.

첫째, 전파관리사용료는 비용충당원칙을 적용한다.

둘째, 출연금 지정된 혹은 지정받고자 하는 전파의 경제적 가치가 반영되도록 하여 배분 및 사용의 효율성 달성이라는 전파관리의 정책적 목표가 달성될 수 있도록 설계되어야 할 것이다. 특히, 출연금은 부과목적이 재정수입의 극대화가 아닌 만큼 전파자원의 효율적 배분 및 효율적 사용촉진이라는 정책적 목표가 달성될 수 있는 최소한의 수준이 되도록 한다.

셋째, 출연금은 전파스펙트럼의 지정과정에서 주파수의 접속과 사용권리에 대한 사용자가격이다. 그러나 새로운 지정에 대해서만 출연금을 부과할 경우 신규사용자와 기존사용자 간의 공평성 저해 및 경쟁상 불공평이 야기될 수 있기 때문에 기존의 사용자에게도 출연금이 부과되어야 할 것이다.

넷째, 일반적으로 출연금은 단기적으로 효과가 발생될 수 있는 대역 또는 서비스에 대하여 부과하는 것이 타당할 것이다. 그러나 서로 다른 대역 간의 수요와 사용이 서로 연관성을 갖는다는 점을 고려해 볼 때 일부 대역 또는 일부 서비스에 대해서만 사용료를 부과한다면 대역 간의 수요 및 사용에 대하여 인위적인 왜곡을 초래할 수 있기 때문에 가능한 한 넓은 범위로 적용하는 것이 바람직하다고 판단된다.

다섯째, 원칙적으로 용도가 상업적이며 공급에 비하여 수요가 충분하며, 해당 전파스펙트럼의 가치가 높을 경우 신규면허 지정 시 적용되는 출연금은 경매방식을 통하여 결정되도록 한다. 공급에 비하여 수요가 충분하지 않거나, 공익을 위한 용도 등의 이유로 경매방식의 적용이 불가능하거나 적합하지 않은 경우에는 유사한 대역에 대한 경매가격 등을 기준으로 하여 초과 수요나 초과 공급이 발생되지 않도록 관리당국이 행정적으로 조정하여 결정하거나, 사전적으로 결정된 고시가격(예를 들어, 사전적으로 결정된 최저 입찰가격) 또는 기존의 사용자에게 적용되는 전파사용료의 행정적 산정식에 근거하여 결정토록 한다. 신규면허 지정 시 적용되는 출연금은 전파스펙트럼 사용권리의 배분메커니즘이 된다. 경매방식의 경우 경매낙찰가격이 해당 출연금이 되며, 낙찰자가 사용권리를 획득하게 되기 때문이다. 행정적으로 산정되는 출연금이 적용될 경우에는 그 가격으로 사용권리에 대한 배분이 이루어지게 된다.

여섯째, 신규면허 지정에 대한 출연금의 납부방식은 일시불 납부방식과 면허 기간 동안 분할납부하는 방식이 가능한데 우리나라의 금융 시장의 발전 정도 및 시장의 경쟁성 등을 고려하여 볼 때 분할납부방식이 보다 적합할 것으로 판단된다.

일곱째, 기존의 사용자와 기정단계에서 출연금의 부과가 적합하지 않은 사용자에 대한 출연금산정은 원칙적으로 전파스펙트럼의 사용량과 상대적 희소성 등이 안정적으로 반영될 수 있는 산정식을 이용하는 것이 필요하다. 전파스펙트럼의 사용량을 측정하기 위한 요소로서 점유 주파수 대역폭, 통신범위, 배타성의 정도 등을 이용하고, 상대적 희소성 정도의 측정은 현행과 같이 주파수 대역만을 고려할 것이 아니라 지리적 위치에 따른 희소성의 차이도 고려하여야 할 것이다. 그러나 무선국별로 사용용도 및 사용방식, 최소사용대역폭, 기지국 수 등이 상이하기 때문에 모든 무선국에 대하여 동일한 기준으로 출연금을 산정 부과하는 것은 바람직하지 않을 수도 있다. 따라서 무선국별 전파이용행태 등을 고려하여 무선국을 유형별로 구분하여 각 무선국 종별 전파사용료 산정방식을 별도로 적용하는 것이 필요하다.

여덟째, 출연금이 보다 효율적으로 사용을 위한 실질적인 유인이 제공되도록 하기 위해서는 사용자들에게 주파수 사용상의 유연성이 허용되어야 할 것이다. 주파수 사용상의 유연성(flexibility)은 스펙트럼의 사용방법, 필요량 결정, 제공하고자 하는 서비스의 종류 및 지리적 범위의 결정 등에 있어서의 유연성을 포함할 수 있다. 이와 같은 범위의 유연성이 제공된다면 전파관리에 다음과 같은 경제적 유인이 제공됨으로써 스펙트럼 배분의 효율성을 달성할 수 있게 될 것이다. 스펙트럼 사용자들은 새로운 서비스나 다른 서비스에 대한 수요의 변화에 대하여 신속하게 대응할 수 있게 될 뿐만 아니라, 사용자들로 하여금 행정적 비용이나 지연됨이 없이 혁신적인 서비스나 기술을 신속하게 도입할 수 있게 됨으로써 지금까지의 행정적 관리방식에 의해서 설정된 인위적 시장진입장벽이 허물어지게 될 것이다. 사용상의 유연성은 사용자들로 하여금 보다 효율적인 사용을 위한 투자로부터 이득을 얻게끔 함으로써 보다 효율적인 사용을 위한 투자를 할 경우 잉여분의 스펙트럼은 추가적인 용도를 위하여 사용할 수도 있을 것이며, 혹은 그것을 보다 높게 가치 평가하는 주체에게 사용을 하도록 양도함으로써 사용자는 이득을 얻게 된다. 사용가능한 스펙트럼의 수용능력을 확대시킬 수 있게 할 것이다. 사용상의 유연성은 잠재적으로 제공할 수 있는 서비스의 다양성을 증대시키고, 서비스를 제공할 수 있는 사업자의 수를 증가시킴으로써 관련 시장의 경쟁을 촉진시킬 수도 있게 될 것이다.

아홉째, 국가 또는 지방자치단체가 개설한 무선국의 경우 공적인 업무를 위하여 개설되었다고 하더라도 이들에게 출연금을 면제해 줄 경우 국가 또는 지방자치단체의 의사결정을 왜곡시킬 수 있기 때문에 이들에게도 출연금을 부과하는 것은 타당할 것이다. 그러나 이들 기관들의 재정 부담을 고려해 볼 때 이들에게 지정된 주파수의 잉여분이나 사장분을 민간부문에게 대여할 수 있도록 허용한다면 이들 기관들의 전파사용 효율성이 크게 개선시키는 효과를 가져오게 될 것이다.

Chapter 12 맺음말

본고에서는 전파의 효율적 관리를 위해 도입 가능한 경제적 메커니즘 중의 하나인 전파사용료제도의 개선방안에 관하여 논의하였다. 그러나 전파사용료제도는 관리당국이 행사할 수 있는 기능 중의 하나에 불과하고, 그 자체도 제한적인 범위에서만 기능을 행사하게 된다. 따라서 현재 직면하고 있는 전파관리상의 문제점을 해결하기 위해서는 관리당국이 행사할 수 있는 다양한 기능들을 검토하여 종합적인 차원에서의 검토가 이루어져야 할 것이다.

전파관리에 경제원칙을 효과적으로 적용하기 위해서는 우선 명확한 목표의 설정이 필요하다. 명확하게 설정된 목표 없이는 경제적 분석이나 경제적 개념의 도입이 잘못 유도될 수 있게 되고, 이 경우 오히려 부정적 결과를 가져오지 않는다고 하더라도 아무런 바람직한 결과를 유도하지 못하게 될 수 있다.

앞에서 제기되었던 전파관리상의 문제점들은 여러 가지의 원인들이 복잡하게 얽혀 발생되는 것이기는 하지만 결국 전파의 비효율적 할당, 비효율적 지정, 그리고 이와 함께 사용단계에서 아무런 경제적 부과를 하지 않음으로 인하여 발생되는 것으로 평가된다. 이러한 측면에서 볼 때 현행의 관리방식이 안고 있는 문제점들은 경제적 효율성의 추구와 함께 주파수 자원으로부터 발생되는 경제적 지대를 포획함으로써 해결될 수 있을 것이다.

전파자원의 관리와 관련하여 정부는 두 가지 정책적 기능을 행사할 수 있다. 전파배분과 가격부과가 그것이다. 전파의 배분과 관련하여 관리당국은 두 단계의 배분기능을 수행하게 된다. 첫번째 단계에서는 주파수 대역을 특정의 용도로 할당하는 것이다. 이러한 의사결정에서 관리당국의 재량권은 정부가 인정한 국제협

약, ITU RR, 국제주파수분배표, 인접한 이웃국가들과의 협약 등에 의해 어느 정도 제약을 받게 된다. 두 번째 단계의 배분기능은 주파수 사용면허를 특정의 사용자에게 지정해 주는 기능이다. 이와 함께 관리당국은 주파수 사용의 대가(가격)를 전파사용료 등을 통하여 부과하기도 한다. 이와 같은 두 가지 기능하에서 다음과 같은 두 가지 질문이 제기될 수 있다. 어떠한 방식이 주파수 자원배분(할당과 지정)을 위한 최선의 방법이 되겠는가? 어떠한 수준이 주파수 자원의 사용에 대하여 부과하는 가장 적절한 가격이 되며, 그 가격은 어떠한 방식으로 결정되어야 하는가? 이러한 질문과 관련하여 경제적 메커니즘이 어떠한 답을 제시할 수 있을 것인가에 대한 세심한 연구가 필요할 것이며, 전파사용료제도도 이러한 틀 아래에서 종합적으로 마련되어야 할 것이다.

참 고 문 헌

2.4GHz대역 및 5.8GHz대역 내 ISM설비와 무선설비에 대한 전파간섭 분석 및 대책연구, 한국무선국관리사업단, 2001.

국가 공공업무용 자가통신망 운용 개선방안 연구, 한국무선국관리사업단, 2001.

국내 무선설비 기술기준 제도 개선 방안 연구, 한국무선국관리사업단, 2001.

무선서비스 및 기기산업 발전을 위한 주파수분배 및 할당방안 연구, 한국무선국관리사업단, 2001.

무선인터넷 산업분류별 국내기술/시장조사분석, 정보통신정책연구원, 2000.

산업연관분석 해설서, 한국은행, 2000.

외국의 전파관리정책 및 제도분석, 한국무선국관리사업단, 2000.

우리나라 전파환경에 맞는 주파수코디네이터제도의 도입에 관한 연구, 한국무선국관리사업단, 2001.

전파관계법령집, 한희열, 진한도서, 2000.

전파이용설비의 표준화 추진 활성화 방안 연구, 한국무선국관리사업단, 2001.

전파자원의 효율적 이용에 따른 산업파급효과 분석, 한국무선국관리사업단, 2000.

주파수대가의 산출에 관한 연구, 한국무선국관리사업단, 2001.

통신기술발전에 따른 전파감시제도 개선 방안 연구, 한국무선국관리사업단, 2000.

Batt and Katz, "A Conjoint Model Enhanced Voice Mail Service", Telecommunications Policy, 1997.

Edward, W. and D. von Winterfedt, "Public Values in Risk Debates", Risk Analysis, Vol.7, 1987.

Keeney, R. L, "Value-Focused Thinking", Harvard University Press, 1992.

Ministry of Commerce New Zealand, "Radiocommunication Act Review", Discussion Paper, 1995.

• 저자 •

배기수   • 약 력 •

한양대학교 대학원 졸업(경영학박사 회계학전공), 2004
(전) 한국전자통신연구원(ETRI)
(현) 동국대학교 경영관광대학 경상학부 회계학전공 조교수

• 주요논문 •

「기업가치평가모형에 관한 연구」
「DEA 모형을 이용한 통신사업자의 경영효율성 평가」
「A Study on the Telecommunication Carrier Business Environment through Financial Ratio Analysis」
「The Research on Changes in Korea's Telecommunication Industry through Financial Analysis」
외 다수

회계투명성과 회계정보 시스템
초고속무선인터넷(WiBro) 정보시스템

• 초판 인쇄	2006년 11월 10일
• 초판 발행	2006년 11월 10일
• 지 은 이	배기수
• 펴 낸 이	채종준
• 펴 낸 곳	한국학술정보㈜
	경기도 파주시 교하읍 문발리 526-2
	파주출판문화정보산업단지
	전화 031) 908-3181(대표) · 팩스 031) 908-3189
	홈페이지 http://www.kstudy.com
	e-mail(출판사업부) publish@kstudy.com
• 등 록	제일산-115호(2000. 6. 19)
• 가 격	15,000원

ISBN 89-534-5896-X 93320 (Paper Book)
      89-534-5897-8 98320 (e-Book)